空海 人生お遍路

名取芳彦

GENTOSHA

はじめに

空海はその活動も思想も、大きなスケールの人です。

立身出世は自分の求めるところではないと、十代後半でエリート大学を自ら退学します。三十代になると、すべての仏教の教えを包みこむ密教を求めて木の葉のような遣唐使船で唐に渡ります。四十代では、修行の場として高野山を開く準備をスタートし、五十代では、都での活動拠点を東寺に定めます。

他にも数多くの活動がありますが、このようなダイナミックな活動をした空海にあこがれる人は、現在でも少なくありません。

また、その思想も、塵《ちり》から宇宙にいたるすべてが縦横につながっている曼荼羅《まんだら》的な世界観、初めも終わりもないという生命観、心を乱す煩悩《ぼんのう》によって右往左往する人間をいとおしむ人間観など、空海が残した多くの文章から読みとることができます。

こうした空海のスケールの大きさゆえに、同時代に比叡山を開いた最澄が秀才と称されるのに対し、空海は天才と評されることがあります。

私は個人的に、空海はひらめきとその実証の天才だと思います。

何を見ても聞いても、「むっ？　これって、ひょっとして……」と独自の視点から、別の見方がひらめく天才なのです。

その一例が、『般若心経』に新しい解釈を施した『般若心経秘鍵《はんにゃしんぎょうひけん》』という著書です。序文に続いて、空海は自身の仏教観を遺憾なく、格調高く述べます。

「夫《そ》れ仏法《ぶっぽう》（仏の教え）遥《はる》かにあらず、心中《しんじゅう》にして即《すなわ》ち近し、真如《しんにょ》（悟りの世界）外《ほか》にあらず、身《み》を棄《す》てて何《いず》くにか求《もと》めん。迷悟《めいご》我《われ》に在《あ》れば、すなわち発心《ほっしん》すれば、すなわち到《いた》る。明暗《みょうあん》（悟りの世界も迷いの世界も）、他《ほか》にあらざれば、信修《しんじゅ》（信じて修習）すれば、たちまちに証《しょう》す」

さらに、『般若心経』は仏教が説いてきた教えを踏まえて、次元の高い仏の心中を説いた密教の教典だとする論を展開します（簡単に申しあげれば、『般若心経』がギャーテー・ギャーテー……という仏の秘密語である真言で終わっているからです）。

空海はある時、ひらめいたのでしょう。

「むっ？　今まで何万回と唱え、その解説書も読んできた『般若心経』だが、ひょっとすると、先人たちの解釈よりも深いことを説いている？」――そのひらめきを実証したのが『般若心経秘鍵』です。

他にも、それまで平らに敷かれていた曼荼羅を「むっ？　これは掛けて正面から見たほうがいいかもしれない」と、壁に掛けたのも空海だと言われています。

その非凡の才能から、空海は超人的な人格者として慕われ、信仰を集めるようになりました。そして、いまだに瞑想しているとされる高野山を訪れる人は引きも切らず、若き日の空海修行の足跡をたどる四国遍路をする人もあとを絶ちません。

六十二年の生涯の中で、空海はそれまで伝えられてきた仏教の教えの欠けているところを補い、弱い部分は補強して、ピラミッドのように仏教を再構築していきました。

私たちにも、自信がない、他人に関心が持てない、他人の言うことに耳を貸さないなどの欠けている部分があるでしょう。また、孤独だと不安になる、他人からの評価が気になる、他人とつい比べてしまうなどの弱い部分もあるでしょう。私たちはそれらを補い、補強して人生というピラミッドを作っています。

四国遍路はよく人生にたとえられます。四国遍路をする人は空海の分身として金剛杖を手に歩きますが、本書が少しでもあなたの人生遍路の欠けている部分を補い、弱い部分を補強する杖になれば幸いです。

空海　人生お遍路

1 発心《ほっしん》の道場

2 修行《しゅぎょう》の道場

3
菩提《ぼだい》の道場

2

4 涅槃《ねはん》の道場

装幀　next door design 大岡喜直
装画　北原明日香
DTP　美創
本文イラスト　太中トシヤ
編集協力　岩下賢作

1

発心《ほっしん》の道場

目指す場所よりも、その途中に何が待っているか楽しみにする

だれでも仏になれる、そしてその仏になろうとする自覚（性薫《しょうくん》）に後押しされて、すべての根源である仏の境地にたどりつこうと願うのだが、たどるべき道を知らず、たくさんある道のどれを選ぶかに迷い、いくたびとなく涙にくれた。

原文――
性薫我を勧めて、源《みなもと》に環《かえ》るを思いと為す。径路未だ知らず、岐《ちまた》に臨んで幾たびか泣《きゅう》す。

『性霊集《しょうりょうしゅう》』7「四恩の奉為《おんため》に二部の大曼荼羅を造る願文」

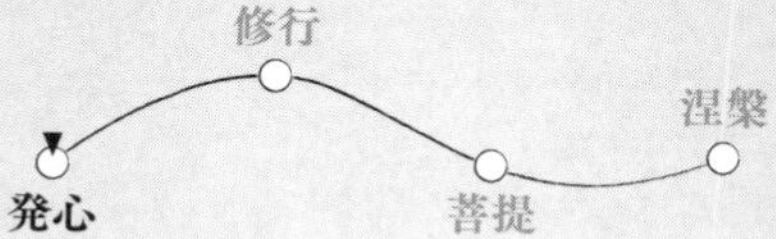

自分が何を目指しているのかはわかっていた。その目標を達成するために努力が必要なことも覚悟していた。しかし、その時、自分の中にあったのは、その目標と覚悟だけ。目標への道筋がわからなかった——と、空海は若き日をふり返ります。

「あなたのやってきたこと、やっていることに無駄はない」と言いますが、それは、まがりなりにも目標を達成した人の言葉です。目標までの途中では「径路を未だ知らず。今やっていることを徒労に終わらせたくない」と思って努力するのが精一杯でしょう。

目標を達成するまでには途中でつまずくことも、後戻りすることも、やり方を変えなければならないこともあるでしょう。それを覚悟しておくのです。

心の暴れ馬をそのままにしてはいけません

心に妄想がわき起こったなら、なぜそれが起こったかを知って、その妄想に負けて従うようなことをしてはいけない。

原文——
妄心、もし起こらば、知って、随《したが》うことなかれ。
『秘蔵宝鑰《ひぞうほうやく》』

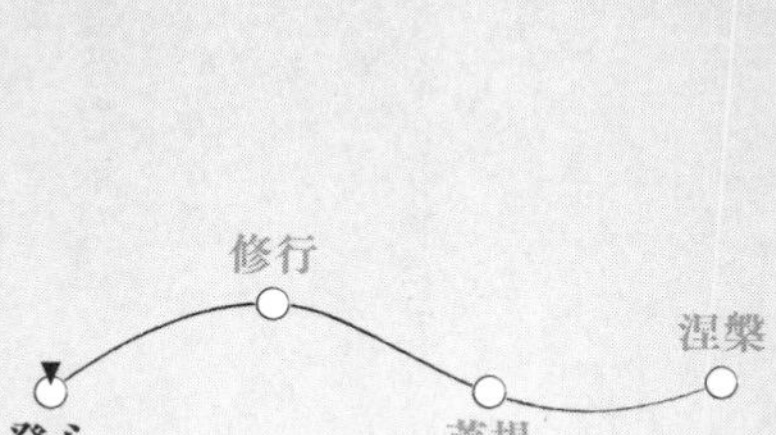

「妄心」は、心がおだやかになるのを邪魔する心、煩悩のことです。

目先の得を得るために他人を欺《あざむ》けば、怨みを買うので心はおだやかではいられません。自分の面子《めんつ》を保とうと他人の悪口を言って足をすくえば、自分も同じ目にあうのではないかと不安になります。他人に苦労させて自分が楽をすれば、孤立無援の寂しさに苛まれます。やらなければならないことを放っておけばあとでバタバタし、手遅れになったりして、心は千々《ちぢ》に乱れます。

ある程度生きていれば、自分のどんな考えや言動が後に心を乱すかはわかるでしょう。しかし、目先の楽や得、利益に目がくらめば、欲の心が暴れ馬になって暴走をはじめ、感謝ややさしさなどの心も引きずられてぼろ布のようになります。そうならないために、心の暴れ馬の手綱をしめ、御《ぎょ》していきたいものです。あなたはいつだってその手綱を、手にしているのです。

「あなたも私も同じですね」がやさしさの基本です

仏たちは慈悲の心で真理の世界から働きかけて、われわれ衆生《しゅじょう》を救済しようとしている。

原文――
諸仏の慈悲は真より用を起こして、衆生を救摂したもう。
『秘蔵宝鑰』

あなたの周囲にやさしさが足りない人がいたら、その人は「あなたはあなた。私は私」と考えていると思ったほうがいいでしょう。

慈悲《やさしさ》の発生源は、「あなたと私は同じですね」と相手と自分の共通項に気づくことです（それに気づく感性も智恵です）。「いい天気ですね」からはじまって、「できれば、怒りたくないですよね」など、「あなたもですか。私もです」という共通項に気づけば、相手との心の距離は縮まり、やさしさが発動されます。

親がいる同士、今日地球で生きている者同士などは、最大公約数のような共通項ですが、他にも共通項は山ほどあるでしょう。

仏教では仏たちも「私もあなたと同じように悩み、苦しんだんだ。だから放っておけないのです」と手を差し伸べてくれるとします。あなたも「私も昔、あなたと同じでした」とだれかに手を差し伸ばせば、仏の第一歩を踏みだすことになります。

道場4番

世の中のすべてが、だれかからの贈りもの

静かに考えてみれば、ありがたい仏の教えには、本来は優劣はないけれど、その興廃は機《き》根《こん》（人の素質や能力）によっている。師から弟子へと代を積みかさねて教えを伝えるのは、〝人〟なのだ。

原文――

竊《ひそか》に以《おもんみ》れば、大法味《たいほうみ》同じけれども、興廃機《き》に任せたり。師資代《ししだい》を累《かさ》ねて、付法《ふほう》人に在り。

『御遺告《ごゆいごう》』

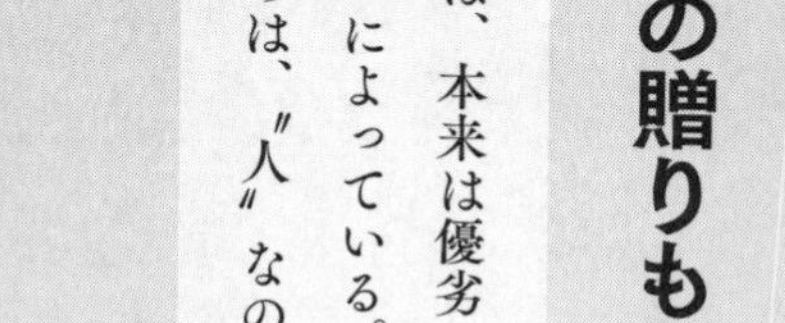

小学校で勉強する内容と大学で学ぶことの優劣を論じることはできません。小学校で勉強したことが土台になって、難しいことが理解できるようになるからです。それは仏教でも同じだと空海は言っています。若いころから儒教をはじめ、多くの仏典に触れてきた空海ならではの言葉でしょう。

それらの教えを自分のものにして活かしたり、説き広めたり、あるいは蔵の中に埋もれさせたりしてしまうのは、それにかかわった人の素質や能力によります。

しかし、どんなことでもだれかが伝えてきたことだけは確かです。あなたがお読みになっている本一冊も、パピルスの発明から印刷技術の発展など、膨大な〝だれか〟の智恵、技術のバトンタッチの集大成です。空海は、連綿とつづく教えの中に、それを伝えてきた人たちを意識していました。そして、自分もまたその中の一人になろうと思っていたことでしょう。あなたは何をだれにバトンタッチしますか。

正しい道を行くのなら、ひるむ必要はない

今も昔も、心や行いがきれいな人で財を成した人はなく、直言して主をいましめる人で出世した人はいません。けれども、正義を守る人は、よこしまな金品を受けとらず、人の道に順《したが》う人は、ひるむことなく目上の人にも正しく諫《いさ》めるほかありません。

原文——

之を今時《こんじ》に見るに、未だ廉潔《れんけつ》の士《し》、能《よ》く其の屋《おく》を潤《うるお》し、直諫《ちょくかん》の人、能く其の身を栄す有らず。然《しか》れども猶《なお》、義を守る者は受けず。道に順ふ者は正諫《しょうかん》するのみ。

『高野雑筆集』

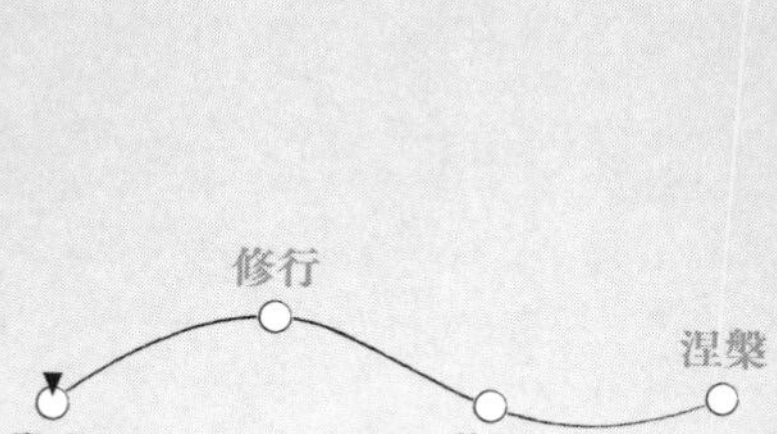

原文は、仕事についたのはいいけれど、上司の立身出世のための贈収賄をはじめとする、その傍若無人な振る舞いに耐えられない人からの質問への返事の冒頭です。

人生の中では、「あの人のようでありたい」という理想的な人に出会うこともあれば、「あの人のようにはなりたくない」と反面教師にしたい人にも出会います。

今から千二百年前の官僚の中にも、コネを使って財を成し、はかりごとをして地位を獲得し、豪華な家を建てて贅沢をしていた人はいたでしょう。空海はそんな人にはなりたくないと思っていました。

心や行いがきれいな人は財産を得ても、人のためにも使います。間違ったことだと思えば、主人や上司のためを思って諫めもします（単なる自己主張とは違います）。

空海にとって、理想の廉潔の士や直諫の人は財産を求める人ではなく、名誉や地位に執着せず、ひるまずに正しい道を歩んだ人だったのです。

他人の短所は責めず、自分の長所は主張せず

聖人の所行というのは、自らの才能を包んでおき、俗世に仲間入りして異を立てず、塵多き濁った水で足を洗うのです。いわゆる和《わ》光同塵《こうどうじん》が必要です。

原文——

聖人の所為《しょい》も光を和らげ物を利す。且《しばら》く其の塵に同《どう》じて其の足を濯《すす》がんには若《し》かず。

『高野雑筆集』

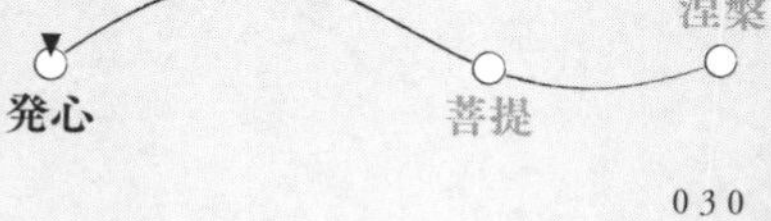

前項の返事のつづきです。察するに、上司の振る舞いに怒り心頭に発したその人は、自分の才能にもそれなりの自負があったのでしょう。その自己主張の強さの危険性を感じ取った空海は、いったんその勢いを抑えようとします。

才能ある人は、自分をアピールしなくても、その輝きが自然に出てきます。ですから、ことを荒立てようとせず、力を和らげて周囲に溶け込む智恵も必要だと宥《なだ》めます。

槍は袋に、刀は鞘《さや》に納まって、鎧兜《よろいかぶと》は端午の節句の飾りくらいにしかならなかった天下太平の江戸時代。日常は和光同塵の暮らしをしながらも、いざ戦になれば役に立てるように武芸の修行を怠らなかった武士たちがいたそうです。

自分を認めてもらえない悔しさから、他人の悪行や欠点をあげつらうことが時としてあるかもしれません。しかし、いくら他人の短所を指摘しても、自分の長所が際立つわけではなく、かえって株を下げるだけです。

翼を羽ばたかせ、尾びれを振って移動するのもいい

しかし、たとえ諫めても、相手が悪事を改めず、かえって敵意をいだくようなら、彼にもあなたにも益はなく、今も未来も損失があるばかりです。そうならば、翼を奮って高く飛び、鱗《うろこ》を払って遠くへ去るしか方法はないでしょう。

原文——

若《も》し流蕩《りゅうとう》して遂に環《かえ》らず、諷《いさめ》を聞きて疾《にく》むこと敵の如くならしめば、彼己《かき》に益なくして、現未《げんみ》に損あり。豈《あに》翼を奮って高く翔《かけ》り、鱗を払って遠く逝くに若《し》かんや。

『高野雑筆集』

前々項からご紹介している返事のつづきですが、この一文は憤懣《ふんまん》やる方ない状況に陥った人にはとてもいいアドバイスなので、私流に訳してみます。

「もし、あなたが訴えるようなひどい上司で、私利私欲のために悪事に走って、自らの行いを反省しないような人なら、そして、あなたのせっかくのアドバイスも敵意の表れとして感じるような人ならば、彼にもあなたにも益はありません。今もこれからも、互いに修羅のような日々を過ごすことになります。

そうならば、翼を勢いよく羽ばたかせてその場から飛び去り、尾びれを打ち振りその場を離れるにこしたことはありません」

空海は手紙の最後に記します。「職を辞すか、病気を理由に地方の職場に移るかの二者択一しかないでしょう。どちらを選ぶか、冷静に、よくお考えになって、決断してください」。付かず離れずの、見事なアドバイスだと思います。

思った瞬間に、それを実現する道ができる

『華厳経《けごんきょう》』に「初めて心を起こす時に、直ちに悟りを完成する」と説いているのは、まさしくその通りである。

原文――
初発心の時に便《すなわ》ち正覚を成ずること、宜しくそれしかるべし。
『秘蔵宝鑰』

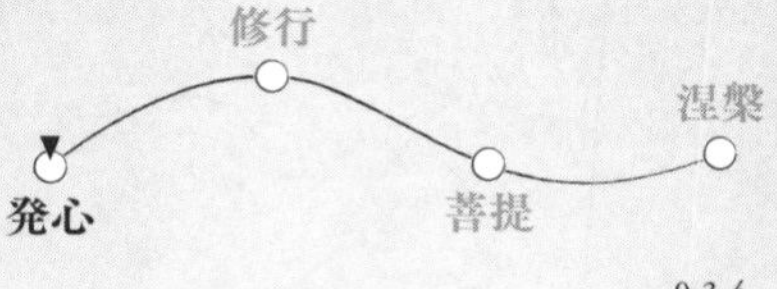

お赤飯の上に黒い胡麻がかかっていました。ある時、ふと気になって、その一粒を箸でつまみあげました。しげしげと見つめて思ったのは「小さなこの一粒の中に、根、茎、葉、花、実になるものが全部詰まっている」ということでした。

私の場合、胡麻一粒の中にすでに完成形が内蔵されているという気づきは、空海も引用した『華厳経』の中の「初めて心を起こす時に、直ちに悟りを完成する」という言葉を知っていたからにほかなりません。

何ごとかを成した人に、どうしてそうなれたのかを聞けば、「最初に、こうなりたいと思ったから」と答えるでしょう。その初心の中に成就が内蔵されていたのです。初心を起こさなければ結果もありません。

次に何かの種を見たら、その中に根や茎や葉や実になるものがすべて詰まっていると想像してみてください。もちろん、あなたの中にもすべてが詰まっているのです。

道場9番

「もうこりごり」と思うのも立派な一歩です

過去をふり返れば暗く、その初めを見ることができない。未来をのぞみ見れば、果てがなく、その終わりがわからない。

原文——

過去を顧みれば、冥冥としてその首《はじめ》を見ず。未来に臨めば、漠漠としてその尾《おわり》を尋ねず。

『秘蔵宝鑰』

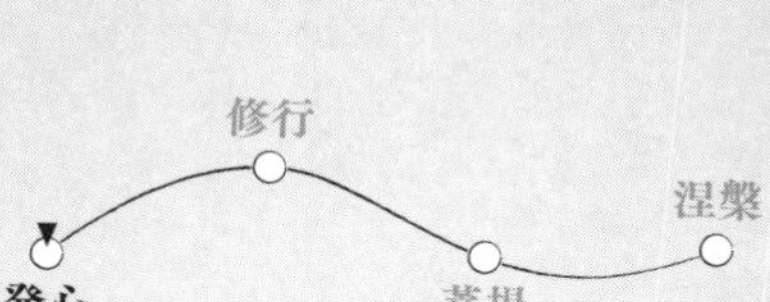

仏教は苦（辛い、悲しい、嫌などのネガティブ、マイナスの感情）からの解放を目指す教えです。苦の代表として生老病死《しょうろうびょうし》の四苦をあげますが、生れ、年を取り、病気になって、死んでいくのは嘘偽りのない自然現象ですから、あとはそれを苦と感じなければいいのです（と、書くのは簡単ですが、やるのは大変です）。

しかし、私たちは同じことで何度も嫌な思いをくり返し、将来も同じことで不愉快、不機嫌になります。「それが人間さ」と開きなおってしまえばそれまでのこと。これまでも、そしてこの先も、一生同じことで嫌な思いをするのを覚悟すればいいだけのことです（と、突き放すのは簡単ですが、それができないからこの本を書いています）。

嫌な目に出合ったら「こんな思いをするのは、もうこりごりだ」と思ってみてください。それが苦から解放されるための第一歩です。嫌な目にあった時にそう思っていれば、数年のうちに、解決方法が勝手に心のアンテナにひっかかってきます。

道場10番

心の中に理想の宮殿を持ってみる。そこが心の居場所になります

毎日一度は自分の心の宮殿を観照せよ。自分の心は同時に仏のすみかである。

原文――

朝朝《あさなあさな》一たび自心の宮を観ぜよ。自心はまた是れ三身の土《ど》なり。

『性霊集』1「雨を喜ぶ歌」

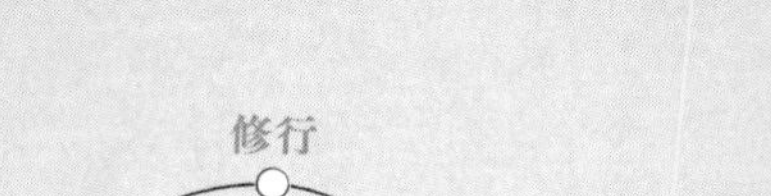

仏教の瞑想法は息と姿勢を整えることからスタートしますが、外国のそれの中には、居心地がいい場所でリラックスする自分をイメージするものがあります。僧侶になる前、私がイメージしていたのは光が適度に届く透明な海底ドームで、そこにはどんなことでも答えてくれるヨーダがいました。僧侶になり、「自心の宮を観ぜよ」の言葉に出合った時、仏教はすでに似たことを説いていたと感心したのをおぼえています。

朝のさわやかな空気の中で、心の宮殿にいる自分をイメージしてみてください。付帯設備はあなたの自由。囲炉裏やソファのある居間、その日煩悩と戦うための勇気や決断力などの武器がしまってある武器庫、その日おだやかに過ごすために働いてくれる自由な発想ややさしさなどの執事たちが詰めている部屋を想像するのもいいでしょう。

あなたがイメージしたものが、そのままあなたの心の中に備わっているのです。

道場11番

とことん迷い尽くした先にも道があります

私たちが外界のものと接する感覚器官や、心で何を判断しているかということに至るまで、一つ一つをチェックして、汚れを断ち、迷いから離れ、執着を除き、言語を絶し、本性を見ることで、悟りの境地が開ける。

原文——

始《はじ》めより終わりに至るまで、一一《いちいち》に微問《びもん》して、惑《わく》を断じ、迷《めい》を尽くし、法を除き、言《ごん》を除き、性《しょう》を見、解《げ》を生じ。

『十住心論《じゅうじゅうしんろん》』

原文の「惑」は貪《むさぼ》り・怒り・愚かさのこと。心を乱す元凶です。自分に不都合なことが起きたら、これらについて一つ一つチェックしたほうがいいと空海は言います。

あれが欲しい、これが欲しいと必要以上に貪っていないかと自らの貪《とん》を問い、都合通りにならないことにいちいち怒っていないかと怒を省みて、自分の考えだけが正しいと思っていないか、このまま行けば自分がどうなるかを考えているかと愚をチェックするのです。そして、「マズイかもしれない」と気づいたら、少しでもいいから惑から離れます。そうすることで、心おだやかな時間が増えていきます。

「迷を尽くし」は迷いをなくすという意味ですが、現在の用法の通り、とことん迷い尽くすと解してもいいでしょう。何度も迷いをくり返すことで、「こんなに迷うのは、もうごめんだ」と、次のステップに進めることもあります。

心を開けば自分の心が見えてくる。すべてが寄り添ってくる

あまりにも近すぎて見えにくいのはわが心であり、微細で空にあまねくほどに広大なのはわが心の中にいる仏である。

原文——

近《ちこ》うして見難《みがた》きはわが心なり。細《さい》にして空《くう》に遍《へん》ずるはわが仏《ほとけ》なり。

『十住心論』

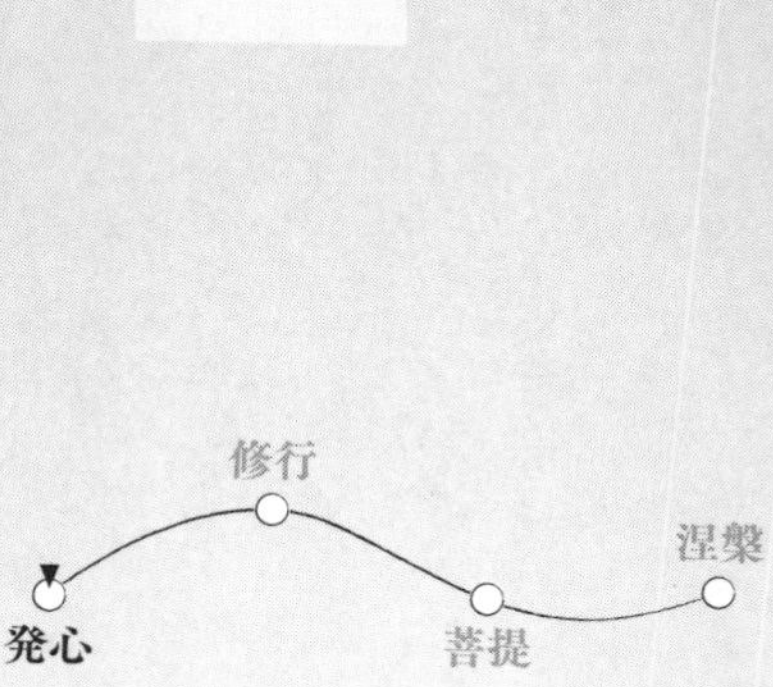

〝灯台もと暗し〟や〝幸せの青い鳥〟など、身近なゆえに気づかないものがあります。今あるつながりや縁を大切にしないで、新しい関係ばかり求めようとする人もいるでしょう。会社などでは、新規のお客さんを獲得しようと斬新な企画を打ち出して、今いる顧客をおろそかにしているようなものです。

また、自分で自分がわかっているようでも、他者から見れば違っていることがあります。自分で正直だと思っていても、他者に対して不誠実な人がいます。批判されて「どう見られてもかまいません」と開きなおる人もいますが、本当にそう思っている人はそんなことは口にしません。周囲の人がそこで黙るのは、立派な心構えだと感心しているからではありません。良く見られたいのにそれをむきになって否定していることに気づかないことを憐れに思っているのです。

空海は、心を開けば、すべてはあなたに寄り添っていることに気づくと言います。

地獄の住人になるかどうかは あなたしだい

地獄はどこにあるのか。だれも自分の心の中を観ようとはしない。

原文――
地獄は何れの処にか在る。孰《いず》れか自心の中に観ん。
『十住心論』

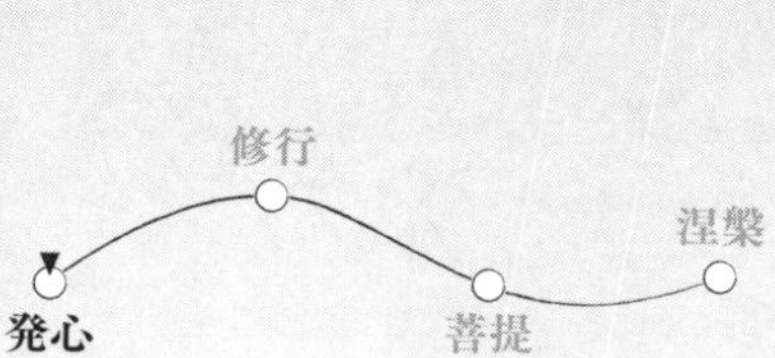

悪いことをすると地獄に堕ちるという考え方がありますが、地獄の存在自体が証明できませんから、死んでから地獄行きにならないように悪いことはしないと心がけて日常を過ごしている現代人は、私を含めて少なくないでしょう。

しかし、この世の地獄の種なら、私たちの手の届くところに無数にあります。

ヤドカリの大きさは背負っている貝の大きさではないのに、貝（地位や財産など）の大きさを頼りにして威張っていれば、その人の心はすでに地獄のスクランブル交差点にいるようなものです。

他人がうらやましくて、そうなろうと努力しなければ、うらやましさは醜い妬みに変貌します。その結果、火のないところに煙を立てたり、他人の過去をあげつらったりして、引きずり落とそうと躍起になります。こうなれば、地獄の住民登録完了です。

イライラしたら、このイライラ地獄は自分が作ったのかと疑ってみるといいですよ。

あなたも菩提内蔵型人間です

菩提《ぼだい》（悟り）とはありのままに自分の心を知ることである。

原文――

云何《いかん》が菩提とならば、いわく実《じつ》の如く自心を知るなり。

『秘蔵宝鑰』

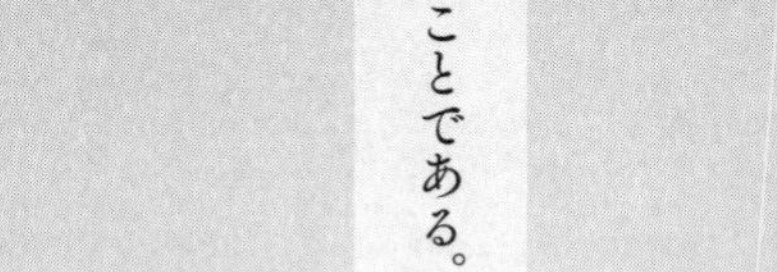

菩提とは悟りのことですが、この境地は人を救いたいなどの欲（こうした大きな善なる欲は大欲《たいよく》といって是認されます）がまだ残っている状態です（涅槃《ねはん》に入れば、そんな欲もなくなるでしょう）。いわば、社会の喜怒哀楽の中で生きている私たちが到達しうる最高の境地と言っていいでしょう。

その菩提の境地は、すでに自分の中にあるから、あとは実の如く自心を知ればいい（如実知自心《にょじっちじしん》）と空海は『大日経』を引用して言います。

本当のあり方に気づく智恵、心を乱すことを改める力、共感できる感性、自由自在な思考力、理想を求めて進みつづける勇気など、すでに私たちは素晴らしいものを持っています。あとはそれらを磨いていけば菩提の境地にいる時間が増えていきます。

そこを目指して、まず「このままじゃマズイ」と気づいて発心し、一つ一つクリアーしていくのが修行なのです。

道場15番

世に働いている力を受けとることができれば、素晴らしい世界が現れる

仏の行動と言葉と心と私たちの行動と言葉と心が不思議に反応しあった時、そこに悟りの世界が現れる。

原文――
三密加持すれば速疾に顕われる。

『即身成仏義《そくしんじょうぶつぎ》』

仏教以前のインドでは、やること（行動）、言うこと（言語）、思うこと（思考）の三つで私たちは生きているという分析がなされていました。これを三業《さんごう》と言います。悟りを開いて心がおだやかになった人（仏）の活動も、三業で行われることに変わりはありませんが、凡人の私たちのそれと区別して三密と呼ばれます。

加持について、空海は「加」は夜空に輝く月のようなもので、「持」は月を映す水面のようなものだと言っています。三密の働きは、もともと私たちの中にあります。それが日常の三業に融合した時、おだやかな心で生きることができるというのです。

それは人間関係にも言えます。親が子供のためにやること、言うこと、思うことが「加」です。それを子供が上手に受けとれば（持）、家庭円満という浄土が現れます。あなたもだれかの心づかいに気づいて、関係が良くなったことがあるでしょう。それも、三密加持の世界と考えることで、世界がそのまま浄土のように見えてきます。

道場16番

貪り・怒り・愚かさを積んだ荷車をいつまで引きつづけるつもりですか

人は、常に貪りと怒りと愚痴という三つの煩悩に毒されて、あたかも幻の原野をさまよい、自宅に帰ることを忘れているようだ。また夢の村に住んでいて長く眠っているようなものだ。いったい悟りという目覚めはいつになるのか。それに気づいたら、目覚めるのは今しかないのがわかる。

原文——
常に三毒の事に酔うて幻野に荒猟して帰宅に心なく、夢落に長眠す。覚悟いずれの時ぞ。
『吽字義《うんじぎ》』

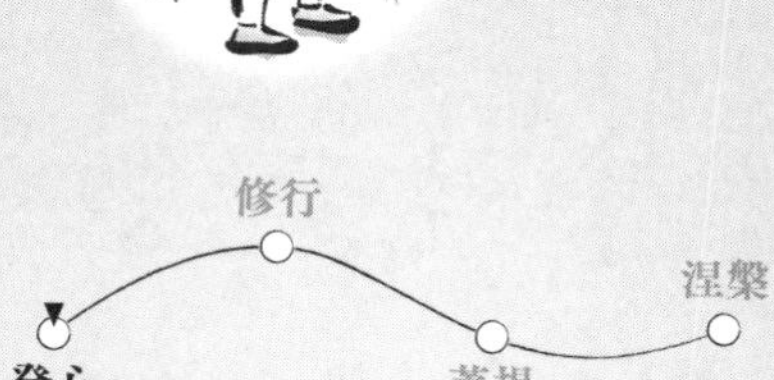

三業や三密の次は三毒か……仏教は三が好きだなと思われるかもしれません。しかし、三は物事が最初に安定する不思議な数として、世界的に信仰されている数字です。二輪の自転車は倒れますが三輪車は倒れません。年配の方が宴会に遅れた時の〝かけつけ三杯〟も、三杯飲んだら最初からその場にいたことにするという約束です。

三毒とは私たちの心を乱す貪り・怒り・愚かさの三つ。私は、百八煩悩はこの三つが展開されたものと考えておけばいいと思っています（諸説あります）。換言すれば、南京玉簾《なんきんたますだれ》のように、どんな悪しきことも元へ戻せば貪り・怒り・愚かさのどれかに属するということですが、おそらく、貪りや怒りも愚かさゆえですから、煩悩の中では愚かさが最強でしょう。

貪りや怒りや愚かさに気づいて修正していかないと、いつまでも夢の中にいるようなもの。だから、早く気づいて目を覚ましなさいと空海は言っています。

解決方法をあなたはすでに知っている

仏の教えや悟りの世界は、遥《はる》か彼方にあるわけではない。それはごく近い私たちの心の中にある。真理も私たちを離れては存在しないのだから、自分を省みずに何処かに求めようとしても無理である。迷いも悟りも自分の内部にあるのだから、悟りを求めようと決めれば、悟りに到達することができるのだ。


原文——

夫《そ》れ仏法《ぶっぽう》遥かにあらず、心中にして即ち近し、真如外《ほか》にあらず、身を棄《す》てて何《いず》くにか求めん。迷悟《めいご》我に在《あ》れば、すなわち発心すれば、すなわち到る。

『般若心経秘鍵《はんにゃしんぎょうひけん》』

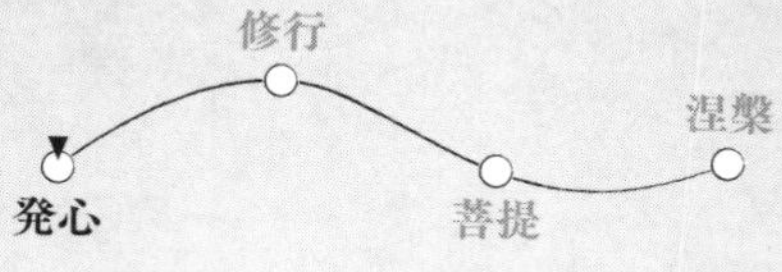

原文の「仏法遥かにあらず、心中にして即ち近し」を意訳すれば、〝心をおだやかにする方法を、あなたはすでに知っている〟です。人と比べて傲慢《ごうまん》になったり落ち込んだりする人は、自分に受け継がれている膨大な数の先祖の命を思えば、比べなくてもアイ・アム・オーケーが出ます。

原文の「真如外にあらず」は、〝物事の真実の姿もあなたの五感で知覚することができる〟という意味。諸行無常（物事は条件によって変化し、常であることはない）という真理も、あなたが自分自身や周囲をつぶさに観察すれば、おのずとわかることです。

迷っている間は苦がつづきますが、一つのことに関して迷いがなくなり心がおだやかになれば、小さくても一つの悟りです。迷うのも悟るのも自分なのです。他人や社会のせいにしなくても、たいがいのことは自分の力でどうにかなります。心おだやかになる方法は自分の中にすでに埋まっているので、それを掘りおこせばいいのです。

あなたが進む人生の小径《こみち》も曼荼羅の上

この（胎蔵界、金剛界の）教えは、もろもろの仏の肝心であり、成仏の筋道である。

原文——
この法はすなわち諸仏の肝心、成仏の径路なり。
『請来目録《しょうらいもくろく》』

原文は、朝廷に提出するための報告書の中の、曼荼羅について書かれた一文です。曼荼羅は仏の智恵や慈悲が私たちとどのようにつながっているかを図で表した回路図、もしくはフローチャートのようなもの。約二千の仏で描かれています。

密教美術としてもすぐれた価値のある曼荼羅ですが、ある時、「○○寺所蔵の曼荼羅を最新技術で複製、プリントしました」と営業の人がお寺にやってきました。対応に出た師僧（父）は「あんた、曼荼羅を売っているのにわからないのか。あのな、このお寺そのものが、私が、あんたが、曼荼羅そのものなんだよ。ハイ、回れ右。バイバイ」と帰してしまいました。見事な曼荼羅観だと思いました。

空海は、曼荼羅は悟りを開くための径路だと言っています。〝径〟には小道という意味があります。人生も小道を一人行くようなものです。途中でどんな景色に、どんな仏（のような人）に出会えるか楽しみにしたいものですね。

小さな体に大きな命と心を宿す

そもそも人は自分から望んで生れたわけでなく、根源的な無知を原因として私たちは生を受けた。また、死を願うものではないが、なにかの原因があり、それに何らかの働きが加わり、情け容赦なく鬼が私たちのところに訪れて命を奪うのである。

原文——

それ生《せい》は我が願《ねが》いにあらざれども、無明の父、我を生ず。死は我が欲するにあらざれども、因業《いんごう》の鬼、我を殺す。

『教王経開題《きょうおうぎょうかいだい》』

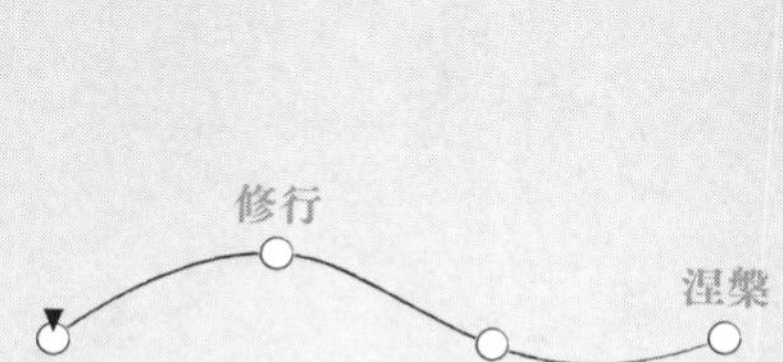

私たちは自ら命になり、この世に生れるのを望んだわけではありません。私たちは自分の都合など介在させる余地なく、人として呱々《ここ》の声をあげたのです。生れたおかげで自分の都合がむくむくと成長し分裂し、その都合が叶わないと心が乱れます。

しかし、誕生は前向きな現象ですから、私たちは前向きにこの世に生を受けたのも事実です。少なくとも、苦しむために生れてきたのではありません。

死もまた、私たちが望む望まぬにかかわらず、生れた者ならだれでもたどる一つの終着点です。原文は『教王経』というお経の解説に入る前の一文で、ここでは死を「死んだら終わり」「どうせ死ぬんだし」と短絡的に考える人を念頭に表現していますが、これは「悲しいけれど、死ななければならない」と同義です。

生や死をネガティブに考えるのではなく、命を紡ぎだす無数の縁や、連綿とつづく人や宇宙、自然の営みの中でとらえて、人生を拡大していきたいものです。

生きることは楽ではありませんが、楽しくないわけではありません

生きることは必ずしも楽なことではない。なぜなら多くの苦しみ（都合通りにならないこと）が集まっているからである。

原文——

生は楽にあらず、衆苦《しゅうく》の聚《あつ》まるところなり。

『教王経開題』

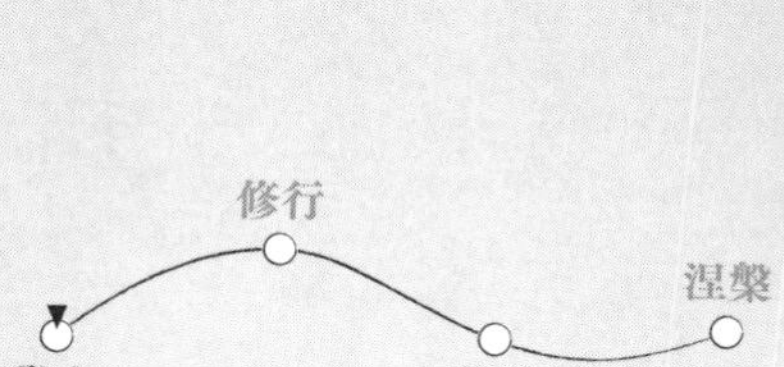

空海は「生きることは楽ではない、それは苦しみが集まっているからだ」とします。苦は生老病死の他に、愛別離苦《あいべつりく》、怨憎会苦《おんぞうえく》、求不得苦《ぐふとくく》、五蘊盛苦《ごうんじょうく》の四つが加わって四苦八苦。どれも〝自分の都合通りにならないこと〟です。言いかえれば私たちに都合がある限り、苦が生じる可能性があるということですし、都合が多ければ多いほど苦が生じる割合も多くなります。

自分の努力で叶う都合なら、頑張って叶えればいいでしょう。それで苦はなくなります。しかし、多くは自分の努力だけではどうにもなりません。相手（人や社会、自然など）にもそれぞれ都合があり、自分の都合とぶつかるからです。だから「人生は苦しみが集まっている」し、楽ではありません。

しかし、楽は「楽しい」とも読みます。私は楽でないことでも楽しむことはできると思っています。そんな逆発想で、辛いことにも挑戦してみませんか。

無常を嘆いているだけでは、人生は虚しい

生れたのはまるで昨日のことのようなのに、たちまちに髪が白くなる。気力や体力がみなぎっていたのは今朝のこと、明日の夕方になればもう病になり死んでしまうようなものだ。秋風に散ってしまう葉のような頼りない命をあてにし、朝日で儚《はかな》く消えてしまう朝露のように自分の体をどうにか養っているのだ。

原文——
生《しょう》は昨日《さくじつ》の如くなれども、霜鬢《そうほう》たちまちに催《もよお》す。強壮は今朝《こんちょう》、病死は明夕《みょうせき》なり。徒らに秋の葉の風を待つ命を恃《たの》んで、空《むな》しく朝露の日を催す形を養う。

『教王経開題』

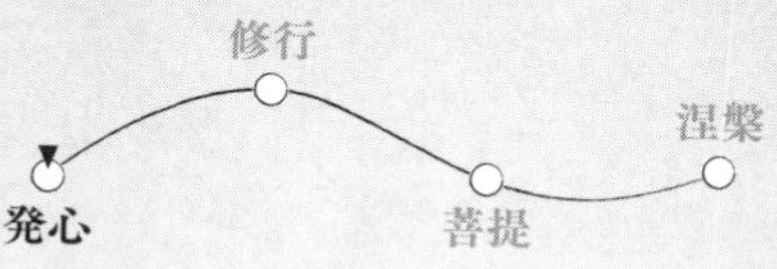

原文では、人の命の無常を空海らしい文章でつづっています。世の中は何ひとつ同じ状態はつづきません。状況が変化していきます。だから、どうするか――方法はいくつかあります。

変化するのは嫌だと愚痴を言いつづける。

せめて経済状態や健康状態を保つために変化に対応して日々を過ごす。

変化そのものを楽しめる心を養う。

周囲の変化にも動じない揺るぎない心を作る。

仏教は揺るぎない心を持てと勧めますが、私はとりあえず、白髪になり、気力体力が衰え、人生の秋風を、朝露のように消えていく命を、そのまま楽しもうと思います。

恩返しのつもりでやってみたらどうですか

(私たちの)体は、大空から忽然として生じたものではないし、大地から生えてきたものでもない。存在の五つの要素(色・受・想・行・識)が仮に和合している体が、四つの恩徳によって生かされているのである。四恩とは、一に父母の恩、二には国王(国)の恩、三には生きとし生けるもの(衆生)の恩、四つには仏法僧の三宝の恩である。

原文——

この身は虚空より化生《けしょう》するにあらず。大地より変現《へんげん》するにあらず。必ず四恩の徳に資《よ》ってこの五陰《ごうん》の体《たい》を保つ。いわゆる四恩とは、一つには父母、二つには国王、三つには衆生、四つには三宝なり。

『教王経開題』

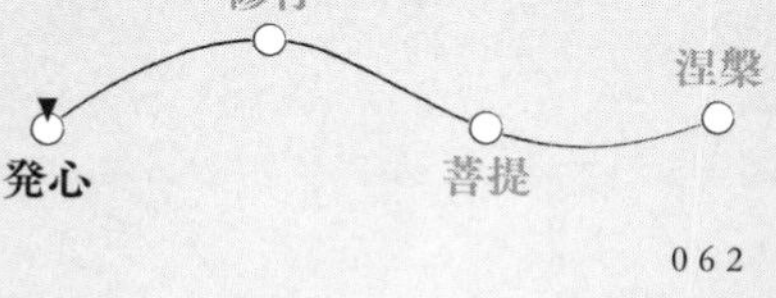

「おかげ」を感じられる人は幸せです。いつもプンプンしている人、愚痴ばかりを言っている人の口から「おかげさまで」という言葉を、ほとんど聞いたことがありません。自分は幸せだと気づけば心がおだやかになれるのですから、心の安らぎを得るための仏教が「おかげ」を説くのは当然と言えるでしょう。

恩を感じられたら、それを享受するだけでなく、その恩に報いよと、仏教では〝報恩〟を説きます。原文は、『教王経開題』を記すのはその恩に報いるためであると説明する一文です。私は、面倒だなと思ったことでも、ご恩返しのつもりでやろうと思うことで、妙な気負いがなくなって、楽に取りくめるようになりました。

自分一人で生きているような顔をしている人に言ってみてください。「あなたは空から落ちてきたわけでもないし、地面から生えてきたのでもない。〝生きている〟のではなく、〝生かされている〟んだよ」——まず鏡を見て言ったほうがいいかも……。

心おだやかになるための材料は目の前にたくさんある

（秘密荘厳心とは）自分の心の中にひそむ大日如来、曼荼羅に気づき、自らの大きな可能性をありのままに証悟するのである。

原文——
自心の源底を覚知し、自身の数量を証悟す。
『十住心論』

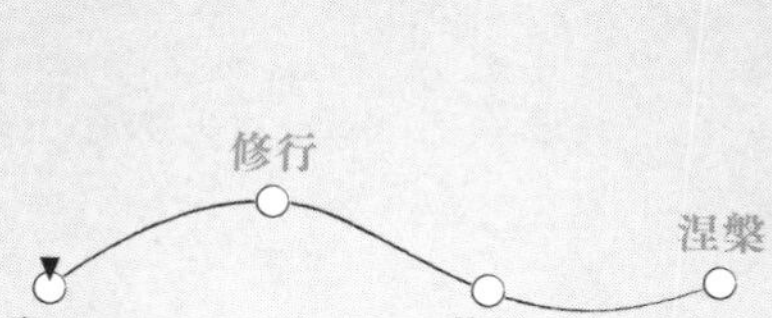

日本に入ってきた大乗仏教では、お釈迦さまが悟りを開けたのは、それまでの人生で経験したやさしさや勇気、悲しさや切なさ、共感力や心の柔軟性、宇宙や自然のあり方などに思索を加え、人の心や物事の真実の姿を明らかにした結果と考えます。悟りを開くためのそれらの材料は膨大な数になります。

言いかえれば、お釈迦さまは自分の多くの経験を素材にして悟りという料理を作り上げたのです。そして、現在でもその材料は私たちの前にそろっています。

その材料を使って悟りという料理を作るか否かは、その人に任されていますが、仏教というレシピを使えば作れるのです。これが〝だれでも仏になれる（成仏できる）〟という根拠の一つです。

いいことも、悪いことも、それを悟り（いつでもどんなことが起こっても心おだやかでいる心）につなげられる素質は、だれでも持っています。

コラム1

空海（唐から帰国するまで）

空海が生れたのは七七四年。仏教が伝来して二百数十年、鑑真《がんじん》が艱難辛苦《かんなんしんく》を乗りこえて来日してから二十年、都が奈良から京都に移る（平安時代になる）二十年前の今から千二百五十年ほど前のことです。

場所は瀬戸内海沿いの、現在の四国香川県善通寺市。市の名前になっている善通寺は四国八十八カ所霊場の七十五番目のお寺で、空海の父（善通）の名前からつけられました。

讃岐の豪族佐伯家の生れで幼少時代の名前は真魚《まお》。幼いころから利発な上に、素直に神仏に手を合わせる彼を、周囲の人は貴物《とうともの》と呼びました。

佐伯の家で一番の出世頭になると期待した両親は、貴族の家庭教師をしていた母方の叔父の力を借りて、官僚養成機関だった貴族用の大学に入学させます。

ところが、家柄などを笠に着てエリート官僚を目指す気風に馴染めなかったのでしょう、一年で退学して山岳修行者の仲間入りをします。

この間にも仏教への関心は強まり、二十四歳で出家の宣言書とも言える『三教指帰《さんごうしいき》』を戯曲風に認《したた》めます。この時までに真魚は教海⇓如空⇓空海へと名前を変えます。

二十四歳から七年間は〝空白の七年〟と呼ばれ、杳《よう》として行方がわかりませんが、仏教の教えをすべてラッピングするような密教の教典に出合ったことは確かです。

その教えを密教第七祖恵果《けいか》から受けるために、三十一歳で留学生として遣唐使船に乗って中国に渡ります。

中国の古典文学にも精通し、中国語も流暢で、古代インドの梵語の知識も豊富な空海は密教のすべてを師僧の恵果から伝授され、二十年の留学期間を二年で帰国します。

無名の留学生だった空海は、その費用をすべて私費でまかなわなければなりませんでした（どのように調達したかは謎です）。二十年間で使うお金を二年で使って帰国した空海が持ち帰ったものは、それまで日本になかった教典、論書の他、曼荼羅や密教法具など膨大な数にのぼります。

名目上は国から派遣された留学期間二十年の身の上なのに、二年で帰ってきてしまったのですから、おいそれと都に入ることはできません。数年間は太宰府や京都郊外で留めおかれます。

2 修行《しゅぎょう》の道場

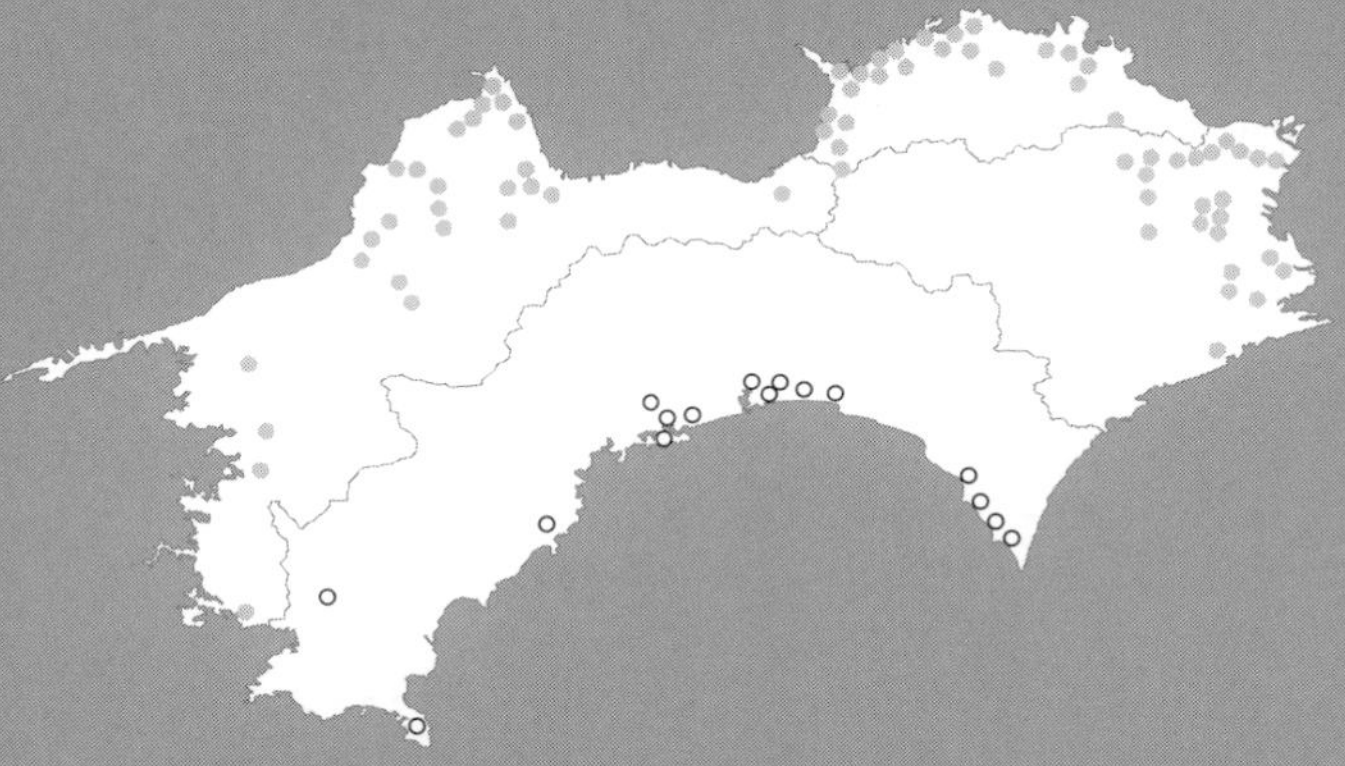

道場24番

嘘や偽りのない自然は無言の説法者です

咲く花、葉の緑を見て、森羅万象のすべてが生れ（生）、生きて（住）、年老い（異）、やがては死滅（滅）していく四つの姿（四相）をくり返す無常の存在を悟り、林にいても集落に住んでいても、言語を超えた境地を体得するのである。

原文——

かの華葉を見て四相の無常を覚り、この林落に住して三昧を無言に証す。

『十住心論』

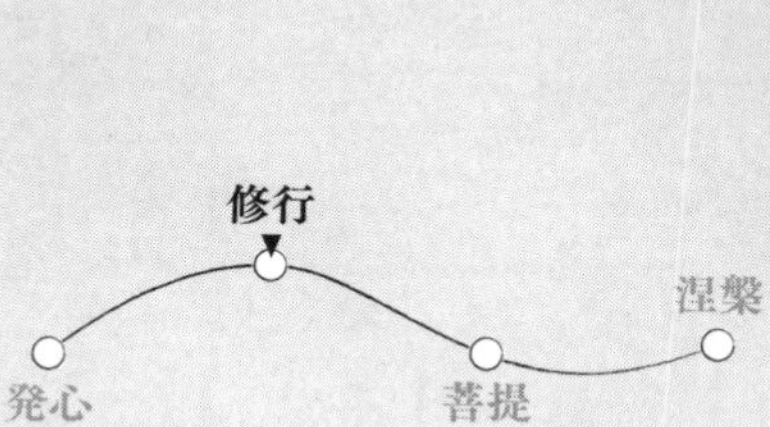

自然は私たちに多くのことを教えてくれます。出入りの植木屋さんは「木は横に枝が伸びているだけ地下でも横に根が張っているものです」と教えてくれました。どんなに枝を張り、葉をしげらせようとしても、地面の下にある根が張っていなければできないというのは、私たちの生き方や仕事でも同じことでしょう。

空海がここで使っている生⇓住⇓異⇓滅は、私たち人間を含めて形あるものや、考え方すべてに見られる変化（諸行無常）の過程を表します。こうした道理を目の当たりにして、独り何を考えるかはその人の自由です。「私もいつまでも若くはないから、早く悟りを開こう」と目標設定する人もいます。「諸行は無常だから、いっそのこと、その変化を楽しもう」と前向きになる人もいるでしょう。

自然は時に残酷な面を見せますが、嘘や偽りのない自然から学ぶことはたくさんあります。独りになった時、自然のあり方と自分の生き方を重ね合わせてみてください。

さまざまなやり方に敬意を払って、わが道をゆく

家に帰るには乗り物に乗って帰り、病気を治すには薬を用いる。病気の原因は無数だから治療の薬も一種類ではない。家に帰るのにも遠かったり近かったりするので道も車も千差万別である（密教の教えこそ、仏の家に最も早く帰る乗り物であり、迷いの大病をたちまち治す薬なのだ）。

原文――
それ宅《いえ》に帰るには必ず乗道《じょうどう》に資《よ》り、病を癒すには薬と処方による。病原巨多《こた》なれば方薬非一なり。己宅遠近《おんごん》なれば乗道千差《せんじゃ》なり。

『十住心論』

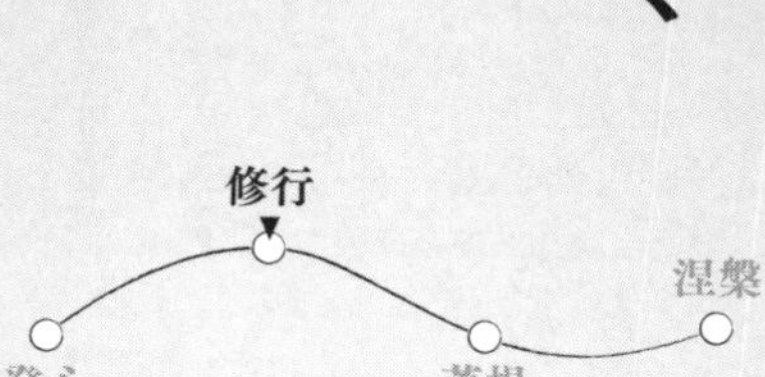

物事を成すには多くの方法があります。部下に任せる人、部下を使う人、自分でやってしまう人などもいるでしょう。空海は自ら信じる道を探究し密教にたどりつき、それが正しかったと確信し、心がどこまでも大きくなりました。空海にとっての正攻法は、自分の力で成就させる道でした。

私たちは自分がたどりついた正攻法と異なったことを目の前でされると「それは違う」と言いたくなります。言われたほうは「うるさい」としか思いません。そんな時には、空海の「乗道千差なり」の言葉を思いだして、「私のやり方とは違うけど、まあその方法でやってみるといいよ。私もそうやって試行錯誤して自分の方法にたどりついたのだから」と、心に少し幅を持ちたいものです。

山の頂上へ向う道はたくさんあります。自分と異なる道を選んだ人にも、敬意を払いたいものですね。

諸行無常の道理とは「人は変われる」ということ

物に定まった性質はない。どうして人がいつまでも悪人であることがあろう。機縁にめぐり合えば凡人でも素晴らしい道にあこがれる。教えにしたがえば、普通の人でも素敵な人になろうと思うものだ。

原文——

物に定まれる性《せい》なし。人、何ぞ常に悪ならん。縁に遇《あ》うときは、すなわち庸愚《ようぐ》も大道《だいどう》を庶幾《こいねが》う。教えに順ずるときはすなわち凡夫も賢聖《けんしょう》に斉《ひと》しからんと思う。

『秘蔵宝鑰』

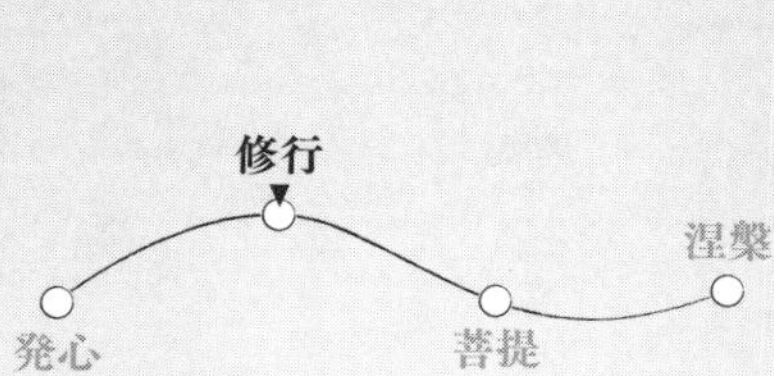

人づきあいをしていると「あの人はこういう人だ」と決めてしまうことがあります。決めたほうがわかりやすく、以後のつきあいが楽になるからです。ところが、人は変わります。それが諸行無常の道理です。

冷たかった人がやさしくなったり、自分のことしか考えていなかった人が他人のために動けるようになったりします。逆に、おとなしかった人が暴力的になったり、親友だと思っていた人が裏切ったりすることもあります。徐々にであれ急激にであれ、その変化には何かのきっかけがあったのです。

大切なことは、諸行無常の道理を客観的に「人は変わる」という事実に当てはめるのではなく、「人は変われる」という可能性として受けとることでしょう。

あなたはこの先どんな縁に出合って、どのように変わっていくのでしょう。心おだやかな人になっていけるように、今日出合う縁を、上手に活かしたいものですね。

自分の欲に気づくような拝み方をしましょう

世の普通の人は善悪の見境がつかず、因果の法則を信じない。ただ目先の利益ばかりを見ているので、自分が地獄の火の渦にのまれることを知らない。悪い行いをしても恥じることなく、自我の実在をいたずらに主張する。迷いの世界にとらわれている自分を愛している。そんなことでどうして煩悩の鎖から逃れることができよう。

原文――

凡夫は善悪に盲《めし》いて因果あることを信ぜず。ただし眼前の利のみを見る、何ぞ地獄の火を知らん。羞《は》ずることなくして十悪を造り、空《むな》しく神我ありと論ず。執着《しゅうちゃく》して三界を愛す。誰か煩悩の鎖を脱《のが》れん。

『秘蔵宝鑰』

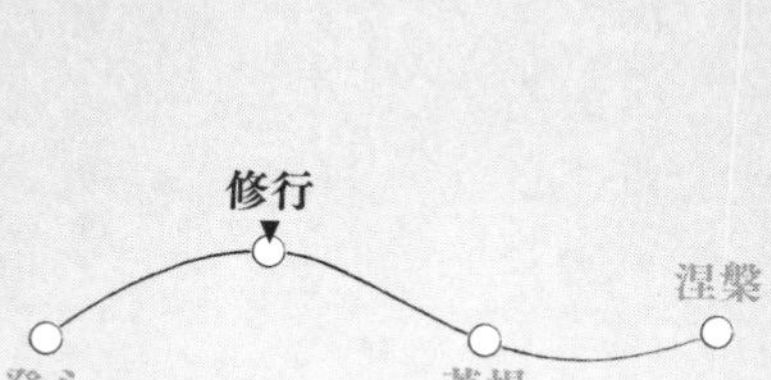

原文は「私はまだまだ」と〝無明《むみょう》を自覚すること〟を促している言葉。空海は、「まず自分がダメなことに気づきましょう。そこから心おだやかな境地を目指しましょう。その道筋はすでに仏教に説かれています」と、迷いや苦悩をなくして、前進しようとする表現を多く用います。

若き日の空海も同様の心の過程を経たでしょうし、密教の教えによって仏と同じ境地に入ってからも、周囲の人たちを見て、かつての自分と重ね合わせて「気の毒だ」と思ったでしょう。そこから、人々を救済するための活動がはじまります。

原文の「空しく神我ありと論ず」は、神さまに自分（我）の都合を叶えてもらおうとしている人への厳しい戒めです。神や仏に手を合わせる時、自分のわがままを叶えてもらうような拝み方ではなく、自分のわがままに気づくような拝み方をしたいものですね。

道場28番

人生がブレたと思ったら、北極星のような人を仰ぐ

星々は時と共に天球を移動するが、北極星は動くことはない。

原文——
南斗《なんと》は随い運《めぐ》れども、北極は移らず。

『秘蔵宝鑰』

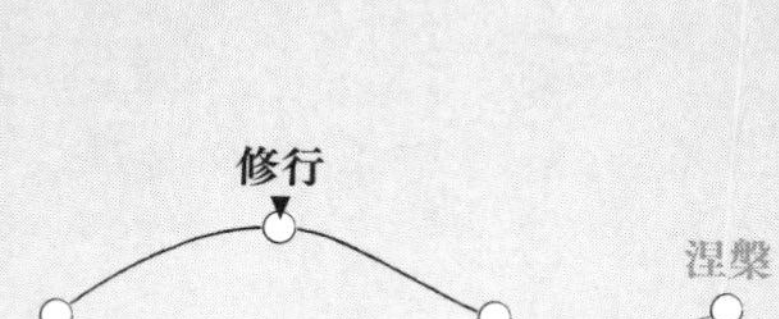

原文の言葉は「いつの世でも素晴らしい人は現れるものですか」という質問への答えです。諸行無常の世の中で右往左往する人が多い中でも、しっかりと目標を持ってブレずに、北極星のように輝く人はいると空海は答えます。

ネットやマスコミの情報に右往左往していると、世の中には北極星のようにブレずに輝いている人はいないと思うかもしれません。しかし、昼間でも北極星があるように、忙しくしている人には見えなくても、ブレずに生きている人はいます。

もちろん、ブレない人も最初からそうだったわけではありません。座禅の姿勢を整えるのに、体を前後左右に揺らし徐々に中心が決まるように、修正しながら心の定位置ができたのです。そこが、心が硬直化した頑固者と違うところです。旅人が自分の向っている方向を確認するために利用した北極星。人生の中で道に迷ったら、北極星のような人を見つけて目標を見失わないようにしたいものですね。

心は姿に表れ、姿は心の投影です

今多くの仏者が頭を剃っても欲を剃らず、衣を染めても心を染めていない。

原文――

しかるに今、あらゆる僧尼《そうに》、頭《こうべ》を剃って欲を剃らず、衣を染めて心を染めず。

『秘蔵宝鑰』

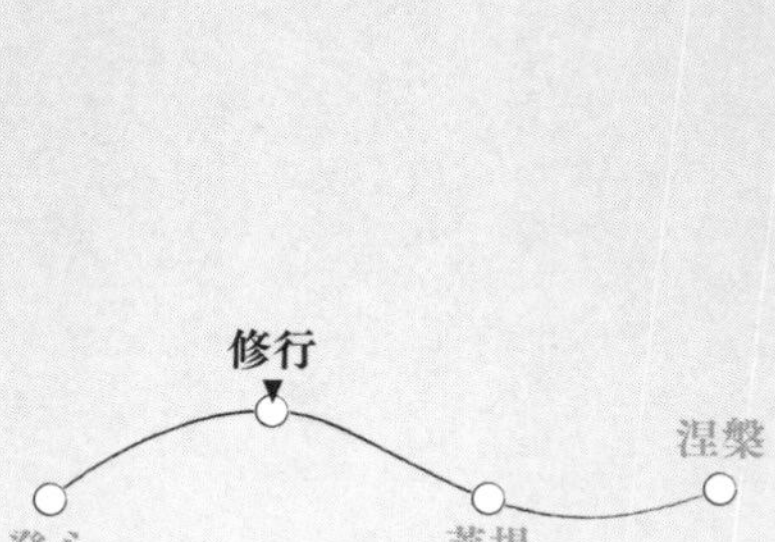

姿や形ばかりを気にしても、心が伴わなければ張り子の虎です。僧侶の格好をしていても他人をバカにしたり、悟りを目指そうとしなければ、僧侶とは言えないでしょう。暴走族全盛のころ、警視庁が選んだ標語に「カッコ良さ　心でしめせ　暴走族」がありました。私の好きな言葉には「姿より　香りに生きる　花もある」があります。

しかし、心があれば姿形はどうでもいいと考えるのは誤りです。世のデザイナーたちに「この作品は心がない」と言えば「冗談じゃない。心を形にしたのだ」と反発されます。心は悟りに向っていてもピアスをつけているお坊さんや、肩で風を切って歩くようなお坊さんには拝んでもらいたくないでしょう。姿は心の投影なのです。

私は着衣に無頓着で、家内から「他人に不愉快な思いをさせない格好をしなさい」とたしなめられます。まっとうな意見なので、家内が選んだ物を着用します。姿と心が一致しているかを確認するには、私の場合は家族に聞くのが一番の近道です。

世の中は、自分の価値観で計れるほどちっぽけではない

蚊の眉毛に巣を作る極めて小さな蟭螟という虫は、巨大な鳥の翼の大きさなどとても知ることができない。また守宮《やもり》は龍に鱗があることをどうして知ることができるだろうか。

原文——
それ蟭螟《しょうめい》は大鵬《たいほう》の翼を見ず。蝘蜓《えんてい》、何ぞ難陀《なんだ》が鱗《うろくず》を知らん。

『秘蔵宝鑰』

道場30番

修行の道場

スイスへ旅した時、ホテルの目の前に垂直にそそり立つ四千メートルの岩山がありました。その圧倒的なスケールに「画家なら筆を投げ、琴奏者なら弦を切り、作家ならワープロの電源を引っこ抜くだろう」と思ったほどです。日本にいては（テレビでは見られても）感じることができない絶景でした。

「異次元はミクロの世界にある」は物理学者の言葉です。私たちはその異次元を知ることができません。たとえば、綱渡りをしている人は前後にしか（一次元でしか）動けません。しかし、虫なら左右にも動ける二次元になります。同様に、遠くからは平面（二次元）に見える芝生も、近づけば草の高さがある三次元の空間だとわかります。

人は自分の立ち位置によって物の見え方が変わります。たまには、自分が認識しているのはごく一部だと再確認して、謙虚でいたいものです。ちなみに、原文の蟭螟は、蚊の眉毛に巣を作るという極めて小さな虫のことで、私たちのことを表す比喩です。

道場31番

あきず、あせらず、あきらめず

薬の効能書きをいくら読んでも知識が増えるだけで、病気は良くならない。薬は実際に飲まなければ効き目は表れないのだ（仏の教えを服用しなければ、どうして迷いをいやすことができよう）。

原文――

服せずんば　なんぞ療《りょう》せん。

『秘蔵宝鑰』

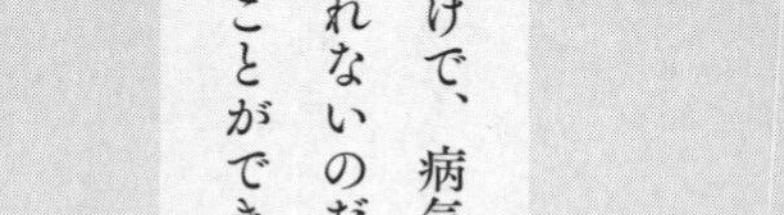

薬をいくら眺めていても、効能書きを丹念に読んでも、服用しなければ効果は出ません。いいと思ったことでも、それだけでは机上の空論、絵に描いた餅や時計と同じで、実際にやらないと〝いいと思った〟だけで終わりです。

時に「祈ったところで、それで願いが叶うわけはない」と理屈で考えている人に会いますが、そんな人でも運動会の前日に照る照る坊主を作ったり、遠く離れている家族の無事を祈ったりしたことはあるでしょう。祈ることに心を落ち着かせる効果があることを理屈で押し退けているのです。勿体ないと思います。

私は「ありがとう」の「あ」、「おはよう」の「お」の音が出る直前に笑顔になっていないといけないと言われて、なるほどと思いました。心の薬を手にしたのです。あとは私が実践するかどうかです。まだ毎回できるわけではなく、道のりは遠そうですが「あきず、あせらず、あきらめず」をモットーにして、やっていこうと思います。

「どうせ」「つまらない」は心が曇ってきたあかし

きれいな鏡で水の面を照らせば鮮明に映るが、鏡が曇り、水が汚ければ、影はきれいには映らない。このように、私たちの心が清らかになれば、心の中にいる仏さまを見ることができるが、煩悩にまみれて心がよどんでいれば、仏さまを見ることはできない。

原文——

明鏡《みょうきょう》浄水の面《おもて》を照らすときはすなわち見、垢翳《くえい》不浄なるときはすなわち所見なきが如し。かくのごとく衆生の心清浄なるときは、すなわち仏を見、もし不浄なるときは、すなわち仏を見ず。

『弁顕密二教論《べんけんみつにきょうろん》』

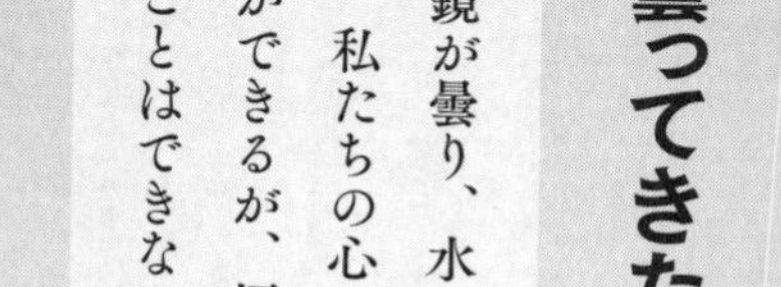

カメラのレンズが曇っていれば映るものも曇って見えます。同じように、心が曇っていれば、見るもの、聞くもの、嗅ぐもの、味わうもの、触るものは、すべて曇ってしまいます。

人間関係もわずらわしく映るでしょう。他人から「いいね」をもらわないと納得できず、納得できないと「もう、いいよ」と開きなおることになります。渡る世間が鬼ばかりに見えて、「どうせ」と「つまらない」が口癖になります。

しかし、心が澄んでいれば、人間関係は愉快なものに映って楽しめるようになります。他人からの評価を気にせずに自分にオーケーが出るようになります。

心の目が曇っているかもしれないと思ったら、何かに笑顔で取りくんでいる人に、なぜそんなことができるのか尋ねてみてください。曇りのない心の目がどんなものかよくわかります。そんな心の目にあこがれただけで、あなたの心の曇りも晴れてきます。

〝それ〟の背後には、幾千の〝それら〟がある

宇宙も自然も人も仏も、それを構成している六つの要素（地・水・火・風・空・識）は、互いに入り交じり、さえぎるものもない。しかも互いに溶け合っている。

原文——
六大無碍《ろくだいむげ》にして常に瑜伽《ゆが》なり。

『即身成仏義』

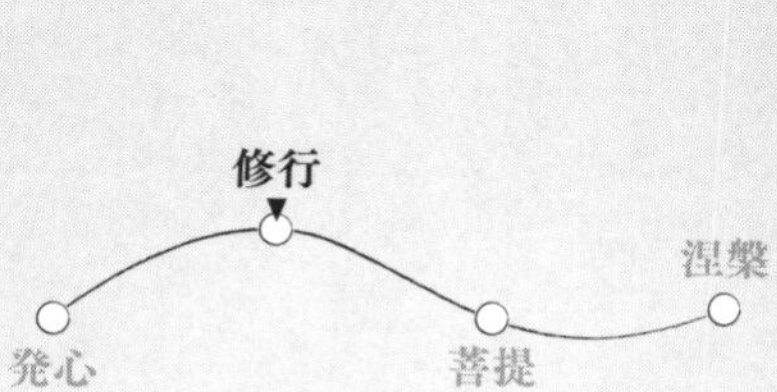

いったい、万物はどんなもので構成されているのだろう……そんな思いは世界共通。古代ギリシャでは火・空気・水・土とし、古代中国では木《もく》・火《か》・土《ど》・金《ごん》・水《すい》としました。科学は周期表でおなじみの約九十種に及ぶ天然の元素を見つけ出しました。仏教では、私たちと仏（宇宙そのもの）の共通要素は、地（堅いもの）・水（湿度）・火（温度）・風（自由に動くもの）・空（空間性）の五つの性質だと分析し、空海はそれに識（精神性）を加えて六大としました。

世の中はこうした要素が融通無碍《ゆうずうむげ》に溶け合っている……。空海は自然と接する時も、自分自身を観じる時も、社会の中にいても、そのようなダイナミックな見方をしていました。木を見て、それを育てた太陽、雨、土の養分、そこに生きる虫たちなどに思いを馳せれば、空海の見方に一歩近づけます。

人生は〝山あり谷あり〟、一日は〝日向あり日陰あり〟

仏と私たち凡夫との違いは、凡聖不二《ぼんしょうふに》という理《ことわり》を理解しているかいないかの違いだけなのだ（早くそれに気づいていこう）。

原文――

悟れるものを大覚《だいかく》と号し、迷えるものを衆生と名づく。

『声字実相義《しょうじじっそうぎ》』

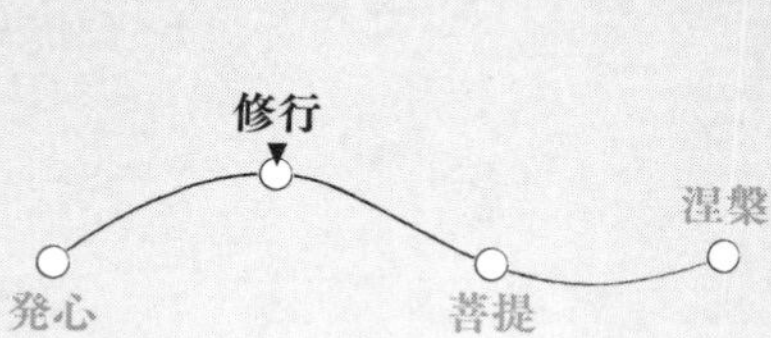

人生は山あり谷ありと言われますが、それは長い時間の中での話。短いスパンの日常は〝日向あり日陰あり〟ではないかと思います。「今日は日向を歩くように胸を張って前を見ているけど、三日前までは下ばかり見て、陽気のヨの字もない日陰を歩いているようなものだった」という具合です。

アメリカでカントリーやフォークソングに大きな影響を与えたカーター・ファミリーのヒット曲の中に、私の好きな“Keep on the sunny side”という陽気な歌があります。ある日、堀沿いの歩道を歩いている時にふと下を見ると、私は日陰を歩いていました。歩道には日が当たっている部分もあります。私は♪Keep on the sunny side♪と口ずさみながらぴょんと一歩横に移動して、日の当たる場所を歩きはじめました。

日陰から日向に出るにはたった一歩でした。心がよどんだ時、すさんだ時も、こだわりという境界線を一歩越えるだけで、心は日向に出られます。

感性は磨くものではなく、育てるもの

(大日如来を構成している)地・水・火・風・空の五大は音声を発して響いている。すべての世界にそれぞれ(大日如来の)言語がそなわり、私たちが認識できる六つの対象はすべて(大日如来の)文字である。つまり、大日如来はあるがままの姿である。

原文——

五大に響《ひび》きあり。十界に言語《ごんご》を具《ぐ》す。六塵《ろくじん》ことごとく文字《もんじ》なり。法身《ほっしん》はこれ実相《じっそう》なり。

『声字実相義』

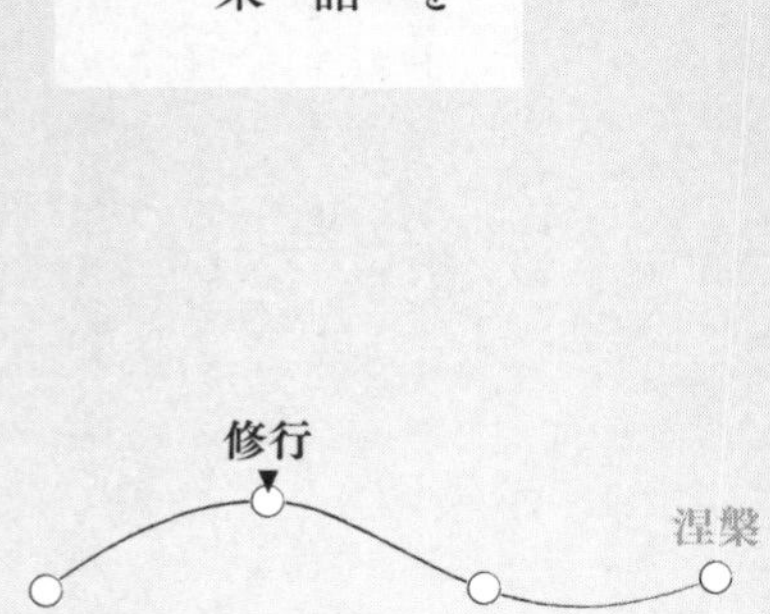

文字や数字に色を感じたり、形に味を感じたりする人の感覚を共感覚と言いますが、空海は、あらゆるものが地・水・火・風・空の五大が響き合っているように聞こえ、そのまま仏の説法に聞こえていました。何を見ても、そこに仏教の教えを見たのです。もちろん、常にそのように聞き、見ていたわけではないでしょう。修行によって、あるスイッチが入るとすぐに受信可能状態になったのだと思います。

映画『マトリックス』は、人間が現実だと思っている世界が、実はコンピューターの中の世界であるとして展開します。この中で、覚醒した（スイッチが入った）主人公は、見るもの、聞くものをすべてデータとして見、聞くようになります。

私たちは、雨を〝天のめぐみ〟、水を〝命のみなもと〟、逆立ちして〝私は地球を持ち上げている〟と感じるくらいがせいぜいかもしれませんが、豊かな感性は養っておきたいものです。そのための材料は、今日も、あなたの周りにゴロゴロしています。

偉い人が威張っては洒落になりません

相手より自分のほうが優位でも、おごりたかぶってはいけない。たとえ損をしたようでも、満ち足りた気持ちでいられるのである（これが不動尊の境地）。

原文――
高けれども奢《おご》らず、損すれども盈《えい》を招く。

『吽字義』

世の中にはわがままな人がいるもので〝上司が上から目線でものを言うので嫌になる〟と愚痴を言う人がいます。自分より偉い人が下の人に対して上から目線なのは当たり前で、ことさら目くじらを立てるようなことではありません。しかし、偉いからといって威張ったのでは笑えません。

ある海外ドラマで、職人の親方と弟子の愉快な会話がありました。

「生意気なことを言うな。俺はお前が生れる前からこの仕事をしているんだ」

「ふん、何を偉そうに。俺はあんたが死んでからも、この仕事をしているんだ」

いつか、住職である私も、副住職と笑いながら交わしてみたい会話です。

偉くなるのはそれなりの実績があるからで、つい威張りたくなります。しかし、威張るのは、自分が認められていないという自信のなさの表れ、認めさせたいという高飛車な心のなせるわざかもしれません。やはり、偉い人は威張らないから偉いのです。

道場37番

肩書が一つもない自分に誇りを持つ

太陽や月や星はいつも空にあるのだが、雲や霧がかかり、煙や塵にさえぎられて見えないことがある。同様に、私たちにはいつだって仏心があるのだが、迷いの雲、煩悩の霧、欲の塵、エゴの煙にさえぎられて、その素晴らしさがわからなくなっている。

原文——

日月星辰《にちげつせいしん》は本《もと》より虚空に住すれども、雲霧《うんむ》蔽虧《へいき》し烟《えん》塵映覆《じんえいふく》す。

『吽字義』

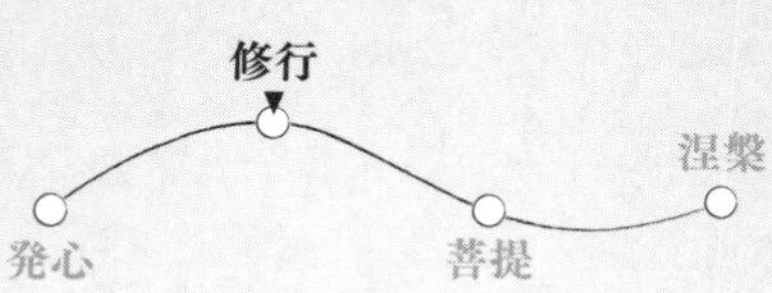

本当の素晴らしい自分はいつでもちゃんと心の中にいるのに、雲や塵や煙で隠れてしまっているとするのは仏教の考え方であると同時に、空海が知識として知っていた以上に共感し、共鳴した考え方でもあります。

本当の素晴らしい自分を隠しているものに〝肩書〟があります。会社や仕事の役職だけでなく、家族の中の祖父母、父母、子供も肩書の一つでしょう。人生の中で、それらの肩書を与えられ、それ相応のことをしなければならないのは一時期に過ぎません。

私が一つのお寺の住職という肩書を持つのは三十年間でしょう。副住職にあとを譲れば住職という肩書が外れます。僧侶という肩書は残りますが、僧侶は生き方だと思っているので、私にとって僧侶という肩書はほとんど関係ありません。

肩書がすべて外れた自分が私たちの本体で、その本体はとらわれのない心でいられる素晴らしい存在なのだというのです。

笑うのも、イライラするのも、原因は自分の心にしかない

水を離れて波はない、波は水の変化した姿なのだ。それと同じで、迷ったり悟ったりするのは、私たちの心の中の状況なのだ。

原文——
水外《すいげ》に波なし、心内《しんない》すなわち境《きょう》なり。

『吽字義』

風や流れの影響を受けて波は起こりますが、水を離れて波はありません。同じように、ニッコリするのも、イライラするのも、おだやかな気持ちになるのもあなたを離れてありません。波の場合の風と同じようにきっかけは外部にあるでしょうが、だれかがあなたに笑え、イライラしろ、おだやかになれと強制しているわけではありません。そこが物理的に立つ水の波と違うところです。

空海は「水を離れて波がないように、迷いも悟りもあなたの中にある」と言います。心の奥底を問えば、きっとあなたもニッコリしていたいでしょう。心おだやかに生きていきたいでしょう。だったら、そうなればいいのです。そうなれるのです。

心に波立つのは仕方がありません。それをそのまま放っておくのではなく、その波に気づいて、鎮めたいと願ってみてください。やがて波が立とうとする時にそれを打ち消そうとする力が働くようになって、心おだやかな時間が増えていきます。

道場39番

汚い場所でも、きれいに咲く花がある

蓮華《れんげ》を観察して自分の心が清らかであることを知り、蓮華の実を見て心にあらゆる徳がそなわっていることをさとる。

原文——

蓮《はす》を観じて自浄《じじょう》を知り、菓《このみ》を見て心徳《しんどく》を覚《さと》る。

『般若心経秘鍵』

時に、「周囲の環境のせいでこんなことになってしまった」と自分の不運や不幸の原因を他に求めて責任回避することがあります。

そんな時、仏教は「蓮は泥水の中で咲きますが、茎も葉も花も泥色に染まることはありません」と説きます。また、蓮の実はすでに蕾の中にあります（本当は花托がまるで実のように見えています）。ここから、あなたは蓮と同じように、すでに心おだやかな境地という仏と同じ実を持っているのだと説きます。

このような理由で、仏教では蓮を自心の清浄さや、仏性を内蔵している心を象徴するものとして、大切に扱います。

嘘偽りのない自然を観察して、自分の生き方に反映させる感性は仏教の伝統技のようなものです。こうすることで、主体と客体の対立がなくなった広大な心になるとも言われます。そのために、自然に触れてわが身に重ね合わせる練習をしてみませんか。

コラム2

空海（帰国後）

唐から帰国し、都に入れず太宰府や京都の郊外に留めおかれた数年間、空海は自分が持ち帰った密教を緻密に分析、整理、統合したと言われます。同時代に生きた最澄《さいちょう》（空海より七歳年上で、空海と同じ遣唐使船団で中国に渡り天台の教えをさらに深め、半年余りで帰国。後の「伝教大師《でんぎょうだいし》」）が開いた天台の教えからは、後に法然、道元、日蓮、親鸞など現在の日本仏教の大半をしめる宗派が次々に生れたのに比べて、空海の構築した密教からはほとんど新しい流れが生れなかったのは、空海がこの時期に密教を結晶化させたために、他の教えが生れる余地がなかったからとも言われます。

朝廷に帰国報告をして以後の空海は、精力的に活動します。当時、奈良の仏教は人間の煩悩の分析や、ミクロとマクロを融合させたような世界観（東大寺の大仏が表す世界観）の研究に余念がありませんでした。その中で、新興の天台宗や真言宗（空海は真言宗という言葉を使っていません）は、加持祈禱による現世利益《りやく》を国から求められることが多かったので、それにも力を注ぎつつ、その土台になる密教の流布も合わせて行い、朝廷からの信頼を得ていきます。

六十二歳で息を引き取るまで、多くの著作を残し、高野山の開創や讃岐満濃池《まんのういけ》の修築、学費不要の庶民の学校の創設など超人的な活動をした空海は、あとになって「弘法《こうぼう》大師」として信仰の対象とされるようになります。

空海の並外れた活動と著作などに表れる人としてのスケールの大きさは、いったい何によるものなのでしょうか。

　空海の教養は大学に入るまでに叔父から特訓を受けた中国古典の知識が土台となり、シルクロードの終点の長安での二年間の留学の中で培ったものでしょう。世界がそのまま仏の世界であることや、周囲の風物が常に教えを説いていることなどの世界観や、自分の中にすべてが内蔵されているなどの生命観は、山岳修行の経験や仏教と密教から学び、実践して体得したものです。

　幅広い活動は、悩み苦しんでいる人々を救いたいという慈悲の表れと言えるでしょう。

3 菩提《ぼだい》の道場

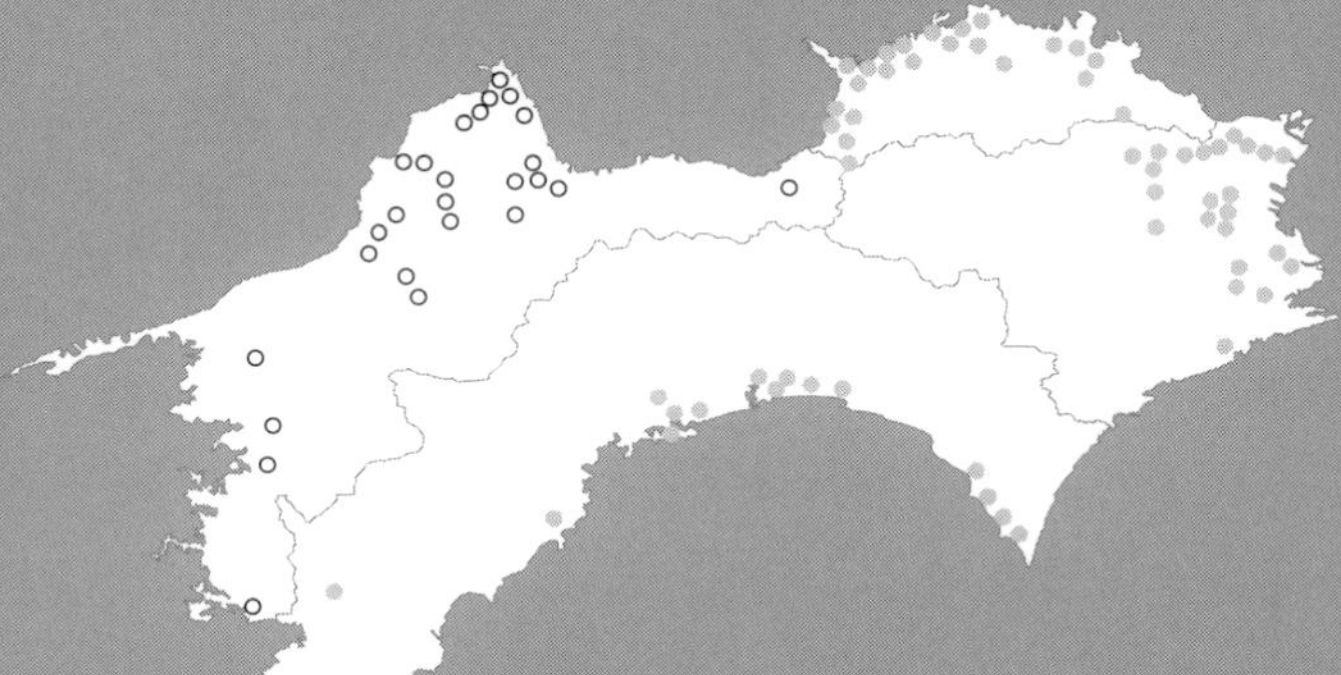

道場40番

おごりたかぶれば、必ず修羅の道を歩くことになる

おもねり（ご機嫌取り）・たかぶりの心によって布施をするものは、死後必ず阿《あ》修羅《しゅら》道《どう》に至ることになる。

原文——
諂曲憍心《てんごくきょうしん》をもて布施せば、命終《みょうじゅう》して必ず修羅道に至る。
『十住心論』

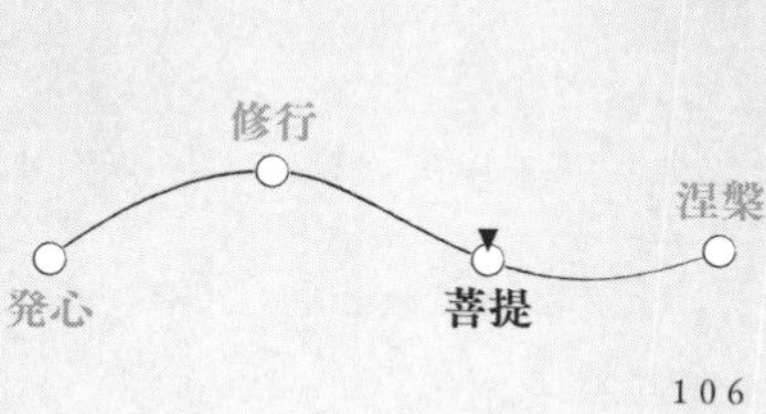

原文の中にある「諂曲」は、自分を良く見せよう（過失を隠そう）として、他人を丸め込むためにヘラヘラし、都合よく話題をそらしたりして、本当の自分を曲げること。「憍心」は、自らが優位にあることに酔いしれて、おごりたかぶること。「布施」は無条件で何かさせてもらうこと。「修羅道」は勝ち負けだけで生きる人生のことです。具体的な「諂曲憍心で布施をする」は、自分の心証を良くしようと思って、つきあっている人にプレゼントを贈る、浮気がばれないように家事を積極的に手伝う、自分のほうが上だと思って「～してあげる」と思う、などです。

良く見られるために何かしても、良く見られなければ負けなので眉間に皺が寄り、悪事を隠すために何かしても、悪事が発覚すれば負けですから開きなおることになります。～してあげた相手が感謝しなければ、「～してあげたのに」と恨み言の一つも言いたくなります。そんなことをしていれば、修羅の巷《ちまた》から抜けられません。

思い込みや先入観がないか、自分に問う

身勝手な思い込みを打ち破ってから、広々と、晴々とした境地に入るべきである。

原文——
まず計執《けしゅう》を打って然《しか》して後にまさに円明《えんみょう》に入るべし。
『十住心論』

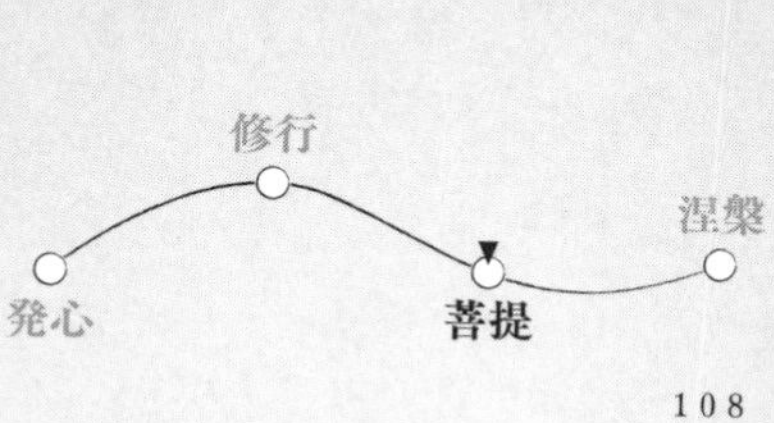

ある人が賢者に問います。「私はよく腹を立てるのですが、どうすれば直るでしょう」。賢者は答えます。「まず自分が他人に腹を立てないことを学びなさい。そうすれば、人がどのようなつまらないことで腹を立てるのかがよくわかるでしょう。それがわかれば、あなたの腹立ちもずっと少なくなります」

だれだって、こんな目にあえば腹を立てるだろうと思っていたことが、実はそんなことで腹を立てていたのは自分だけだったとわかることもあるものです。

原文の「計執」は遍計所執《へんげしょしゅう》の略で、「主観によって構成されるもの」のこと。この中に厄介な思い込みや先入観があります。

他人との関係がなんとなくギクシャクしていると感じたら、「自分の考えがどこかおかしいのではないか」と自分自身に問いを投げかけ、心の塵を落とす気づきのエアシャワーを浴び、サッパリするチャンスだと思いたいものですね。

道場42番

慎めば、福は寄ってくる、悪いことは逃げていく

禍《わざわい》から離れ幸せを招くには、行動を慎まなければならない。

原文——

罪福《ざいふく》は慎まずんば、あるべからず。

『十住心論』

「罪から逃れようと慌てふためき、福を得ようと躍起になれば、かえって罪を引き寄せ、禍を招くことになる。だから、物事には慎みが大切なのです」と空海は言います。慎まなければ罪をおかす可能性は大きくなります。慎むことを忘れて傲慢になれば、福徳を得ることはできません。

「慎む」は「身の程をわきまえて万事につけて出過ぎたことをしないように心がける。調子に乗り過ぎた行動をして身の破滅を招いたりすることが無いように、自らを戒める」(『新明解国語辞典』)という意味です。

自信家の人はともすると、でしゃばり、お調子者になりがちですが、引き際を知って(それを知るには何度も失敗しなければなりませんが)、他にやる人がいなければその時は引き受けるくらいの慎み深さをそなえたいもの。そこに、ホンワカした幸せが隠れているものです。

道場43番

こだわりやとらわれは、あなたを不自由にする

迷いも、悟りも、両方とも自分の心の中にあるのです。迷いの原因のとらわれをなくせば、悟りの世界に入ることができるのです。

原文――
迷悟《めいご》己れにあり、執なくして到る。

『十住心論』

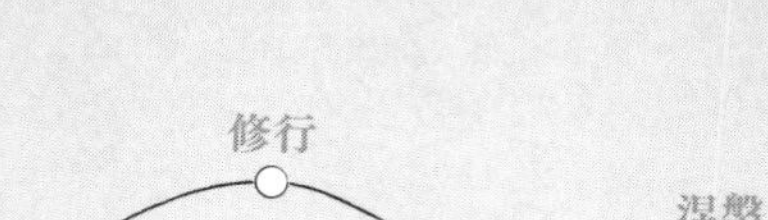

道場43番

菩提の道場

嫌なことがあって心がネガティブになっている時、「泣くも一生、笑うも一生。同じ一生なら、あなたはどんな一生を過ごしますか」と、答えがわかりきったアドバイスをされることがあります。だれでも、笑って過ごしたいでしょう。

心の問題を扱う仏教は「迷うもあなた、悟るもあなた」で「あなたはその心をどちらに使いますか」と提案します。そして、悟りに使うのなら、こだわりを捨てなさい、執着を捨てなさいと説きます。

すべては集まってくる条件によって結果が変わります。私たちはその諸行無常の原則から逃れるすべを持ちません。「こだわり」や「執着」は、その場から動かないという意味です。周囲が変化するのに同じ場所に留まれば、心は乱れます。

ビンの中のコンペイトウを握って取りだそうとして手が抜けないのと同じです。コンペイトウへのこだわりを捨てれば、手はスルリと抜けて自由になります。

「お先にどうぞ」という心が菩薩の境地

菩薩の心は、みな、慈悲を土台とし、他の人が利することを優先させます。この心にしっかり留まって、浅いとらわれを破り、深い教えに入るなら、自他共により広い利益が得られます。

原文――

菩薩の用心は皆、慈悲を以て本《もとい》とし、利他《りた》を以て先《せん》とす。能《よ》く斯《こ》の心《しん》に住して、浅執《せんしゅう》を破《は》して深教《じんきょう》に入《い》るるは利益《りやく》尤《もっと》も広し。

『秘蔵宝鑰』

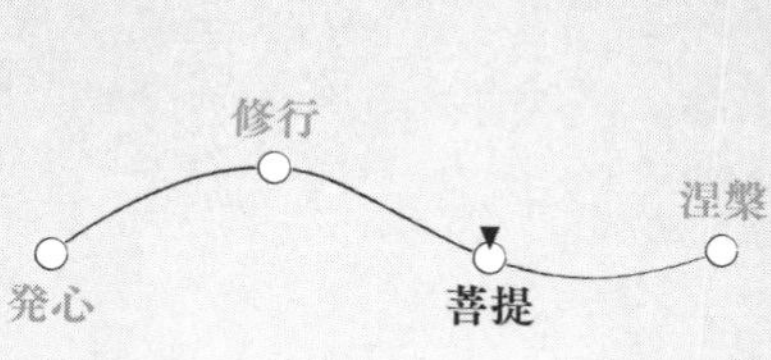

仏教の人間観の中に、心のあり方をランク付けするものがあります。如来《にょらい》（真理そのもの）が最上位で、次にくるのが菩薩《ぼさつ》です。菩薩はまだ悟っていない修行途中の人、もしくは、悟る力があるのに人々を救おうと、あえて菩薩の境地に留まる人を指します。ですから、あなたがいつでもどんなことがあっても心がおだやかな悟りを目指しているのなら、前者の意味で立派な菩薩です。

その菩薩は、自分と他者の共通項に気づいて、慈（楽を与え）悲（苦しみを抜く）の心を持ち、自分よりも他者の利益を優先するのを旨としています。共通項に気づいているのでわが身のことのように他者を放っておけないのです。

私たちが日常で「あの人って、仏さまみたいな人だね」と称賛するのは、悟りそのものの如来ではなく菩薩のことでしょう。菩薩のように慈悲の心を発揮できることは山ほどあります。幸いなことに、それを実践するのに場所や時は選びません。

すでに半分は準備されている。あとは、あなたが気づくだけです

加持というのは、如来の大悲と私たちの信心の反応のことである。仏の放つ大悲の太陽が、私たちの心の水面にその影を映すことを加と言い、修行者が自分の心の水面に仏の光を感じることを持と名づけるのだ。

原文——

加持とは、如来の大悲と衆生の信心とを表す。仏日の影衆生の心水に現ずるを加といい、行者の心水よく仏日を感ずるを持と名づく。

『即身成仏義』

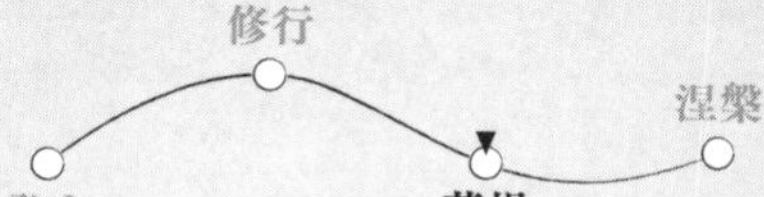

加わる力とそれを受ける力が上手に機能すると、不思議な世界が現前するという加持と加持世界。

食べ物や自然や人間関係など、さまざまな縁によって生きていることを実感した人は「生かされている」と感謝の多い日々が過ごせます。あなたも勝手に生れたのではなく、お母さんが命がけで子宮の中で小さな命を守り育ててくれたことに気づけば「産んでもらった」と命の尊さに感謝できます。一方、親も子供を持つ幸せを意識できれば、「生れてきてくれてありがとう」と子供への愛おしさが倍増するでしょう。これらも加持世界と言っていいでしょう。

空海は原文で、修行によって現れる加持世界の妙を述べていますが、日常にも、すでにあなたに働きかけている力がたくさんあります。それをあなたが受信できれば、化学反応のように、素晴らしい世界が現れます。

目標を持ってやれば、手段がそのまま目標に溶け込んでいきます

悟りを求める心を因として、限りない慈悲を根本とし、そこからほとばしりでる具体的な行動こそが究極である。

原文——

菩提心《ぼだいしん》を因とし、大悲を根《こん》とし、方便を究竟《くきょう》となす。

『吽字義』『十住心論』

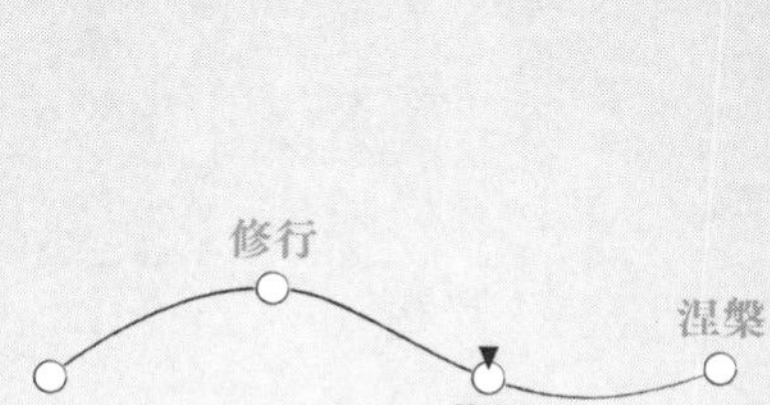

原文は『大日経』の中に出てくる言葉。「悟りを得るための智恵は何が種となり、どんな根っこを張り、最終的にどうなるのですか」という質問に対する、宇宙を含めた大自然の総体である大日如来直々の答えです。この中で、私たちが生きていく上でヒントになるのは「方便を究竟となす」です。

方便は手段、究竟は究極という意味です。山の頂上に到達することが目標なら、足を一歩一歩先に進めなければなりません。それが登頂するための手段です。その具体的な一足一足が大切なのだと空海は言います。

〃思いやり〃のスローガンを立てても、実際に相手を思いやった言動ができなければ看板倒れです。笑顔で挨拶するという具体的な行為そのものが、思いやりの表れで、そこでは〃思いやりの心〃と〃笑顔で挨拶〃という具体的な手段が合致しています。

あなたはどんなことを目標にして、具体的にどんな今日を過ごしますか。

道場47番

表面にとらわれるな。易きに流れるな

本来の真理に背いて、見せかけばかりの現象世界に心が向い、真理の本源に逆らって、迷いと苦しみの流れに身を任す人は、優劣や上下、損得などの価値観に陥る。

原文——
誠にこれ本《もとい》に背き末《まつ》に向い、源に違《い》して流れに順ずるの致すところなり。

『吽字義』

人はどう生きるかが大切なのに、どう見られるかばかりを気にしている人は「本に背き、末に向っている人」（原文を参照）でしょう。お金はもらう時と同じように、使う時も、笑顔で支払えるようになりたいのに、支払う時に嫌な顔をする人も似たようなものです。

辛くても目標を達成するためには我慢しなくてはいけないのに、つい易きに、楽なほうに流れてしまう人、間違ったのがわかっているのに改めようともせずに「今さら直すなんてできない」と諦め、開きなおる人は「源に違して、流れに順じてしまう人」かもしれません。

人にはだれでもすぐれたところもあれば劣った部分もあるのに、すぐれたところや劣った部分だけを取り上げて優劣を論じるのも迷いの世界にいるようなものでしょう。

目先のことにとらわれて、信頼や愛や尊厳など、大切なものを見逃していませんか。

道場48番

すでに有ることに気づかないから貧しくなる

自分の心の奥底にすでに仏と同じものがあるのに、それに気づかないでいる。人にとっての貧しさ、これにまさるものはない。

原文――

己有を識《し》らず、貧これに過ぎたるは無し。

『吽字義』

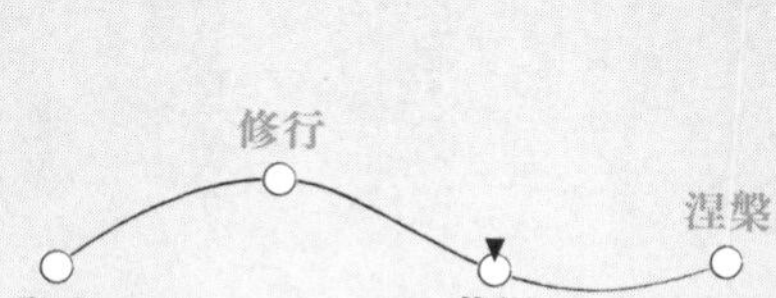

原文にある「貧これに過ぎたるは無し」は、空海らしい格調高い言葉だと思います。他人の悪口を言うだけで自分が優位に立ったような気になって、アドバイスしようともしない人。自分からは何らアクションも起こさずに、暗に己の洞察力、分析力を誇示するために人や組織のやり方や対応を批判する人（こんなことを書いている私自身も同じ穴のムジナかもしれませんけど）。身近にそんな人がいなくても、ネットを見れば、そんな人がうじゃうじゃいます。

空海は思っているのです。〝あなたの中に、あなたが幸せになる材料はすべてそろっている。人の悪口を言って優越感を得ようとしなくても、あなたがやることをやっていれば、人に感謝できれば、それで幸せになれる。不平や不満をぶつけるだけでなく、小さいながらも自分で行動を起こせる力もあるし、そのチャンスに気づくこともできる〟と。自分が持っているものに気づかない――「貧これに過ぎたるは無し」です。

やることをやっている人は、やることをやっていない人を、温かい目で見る

酔っぱらいは、かえって酔わない人を笑い、寝起きが悪い人は、寝起きのいい人をあざけるものだ（そんな人は、早く仏法を学べばよいのにと思う）。

原文——

痛狂《つうきょう》は酔《え》わざるを笑い、酷睡《こくすい》は覚者《かくしゃ》を嘲《あざけ》る。

『般若心経秘鍵』

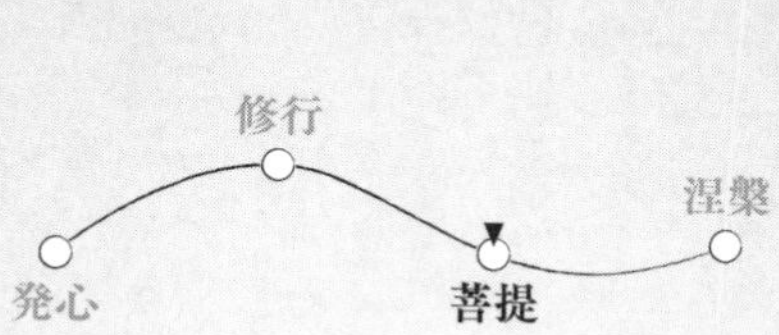

貿易は二者の間に格差がないと発生しないのだそうです。互いに同じものを持っていれば、相手から何かもらおうとか、こちらから何かもらってもらおうとは思いません。「私はこう思うんですよ」「そうですね。私もそう思います」では、やりとりするものがなく、こういう関係は成長する余地がないと経済学では考えるそうです。そう考えると、共感が大好きな女性の仲良しグループの中では、精神的な成長は難しいのかもしれません（身の危険を感じるので、これ以上この話は展開しません）。

さて、原文は「弱い犬ほどよく吠えるものだ」という意味にも取れます。痛狂（甚だしく酔う者）でもあり酷睡（寝起きの悪い者）でもある私は身が縮む思いです。

しかし、酔わざる人と覚者にお願いします。甚だしく酔いたくなるほど弱く、起きられずに酷睡してしまうほど弱い人の心情を、慈悲の心でご理解の上、憐れんでいただきたいのです。それが心の貿易というものです。

賢者、多くを語らずと言いますが……

仏の説法は病に応じて薬を使い分けるように、人々を救済してくださる。だから、顕教の段階の人には丁寧にわかりやすい教えが説かれ、すぐれた力を持っている人には陀羅尼《だらに》のような深い短い言葉で教えを示すのだ。

原文——
顕機《けんき》のためには多名句《たみょうく》を説き、秘根《ひこん》のためには総持《そうじ》を説く。

『般若心経秘鍵』

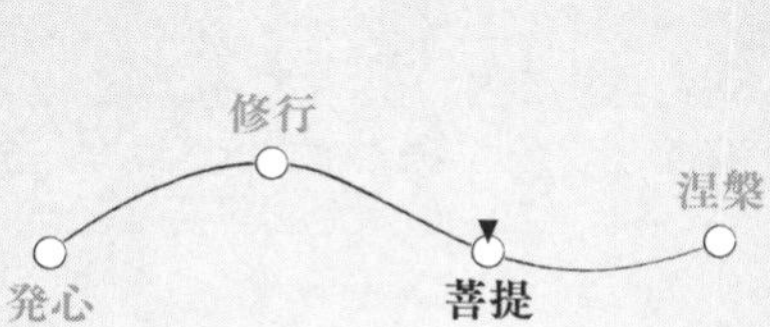

「色即是《しきそくぜ》空《くう》」は『般若心経』に登場する一節。私流に訳すと「物体は縁の集合体なのです」になります。あなたが読んでいるこの本も、木や製紙、印刷、インク、編集者、筆者、読者などの縁の集合体で、最初から〝本〟があるわけではありません。別のたとえで言えば……と、わかりやすく説明しようとすると本が一冊書けます。

しかし、空《くう》の概念を知っている人には「色即是空」という短いフレーズのほうが簡単で早く、わかりやすいのです。逆に言えば、何も知らない人に短い語句で伝えても皆目見当がつかないということです。

ある老僧が中学生に「空はドーナッツの穴だ」とだけ説明しました。穴は単独では存在できず、何かが周囲を囲んではじめて穴ができるのです。老僧は「あるようでない、ないようである、それが物体だ」と言いたかったらしいのです。面倒くさい坊主だと思います。以来、私は人を見て教えを説く大切さを痛感しました。

道場51番

片鱗があるからといって、前と同じとは限りません

（よりすぐれた存在である）龍に蛇の鱗がついているようなもので、（密教教典としての『般若心経』に、『大般若経』の片鱗《へんりん》が見られるとしても、）それで『般若心経』を顕教の教典とは決めつけられない。

原文——

竜に蛇の鱗あるが如し。

『般若心経秘鍵』

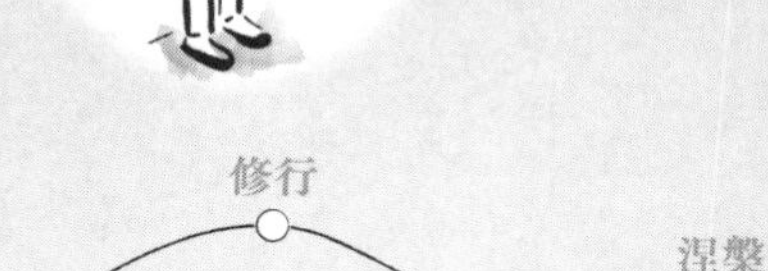

どんな人でもまったく別人になることはありません。かつての片鱗は面影や性格、言葉の端々に残っているものです。だからといって、昔と同じではありません。

知り合いが有名になったり、偉くなったりするとそれをやっかんで「昔はあの人だって……」と過去の汚点や欠点を〝私だけは知っている〟的に自慢げに披瀝《ひれき》する人がいます。そんな人に「かつての片鱗は残っているけれど、あのころとは違うのだ」という、この言葉はもってこいでしょう。

龍には九匹の子供がいて、そのうちの一匹は重いものを背中に載せるのが大好きで、重ければ重いほど喜ぶという変わり者。その名を贔屓《ひいき》と言います。神社やお寺の石柱を支えている亀のような姿の生き物がこの贔屓です。旅先の寺社の境内で探してみてください。私は贔屓を見ると、自分も人生の重荷を背負っても動じない人になって、喜んで自分の人生を背負おうと思うようにしています。

道場52番

時短のせいで丁寧さをなくすようでは、マズイのではないですか

心を磨き、智恵を増すことで、涅槃という山は大きくなっていく。

原文——
涅槃の山は福智を積んで高大《こうだい》なり。

『理趣経開題《りしゅきょうかいだい》』

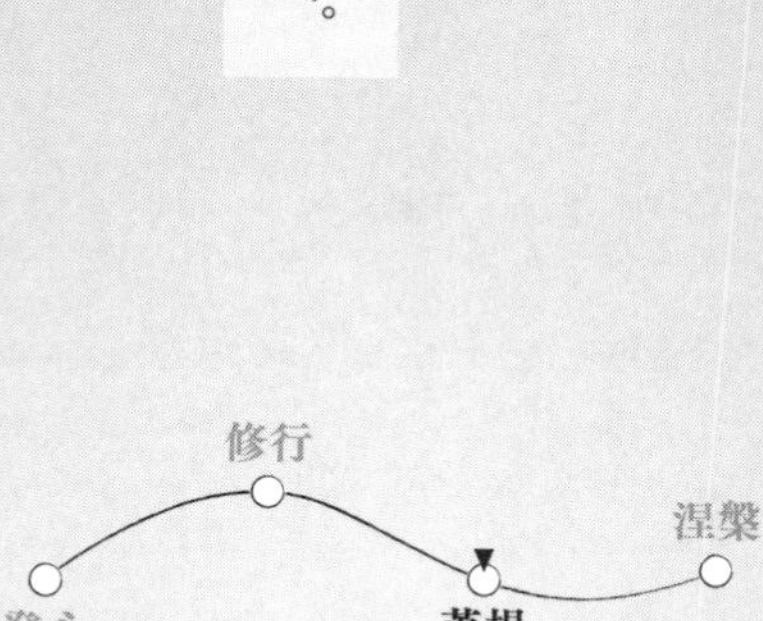

世の中が忙しくなるにつれて、私たちは一つのことに費やす時間を短縮するように求められます。物事を効率化して時間を短縮すれば、他に使える時間がストックできます。そして、短時間なら毎日つづき、つづければ成果も出ます。まさに〝塵も積もれば山となる〟です。そのような社会の変化を受けてでしょうか、書店に行けば〝（一日）一分で〟〝（一日）五分で〟というタイトルの本が目につきます。

問題は、時間を短縮してできた時間をどう使うかでしょう。働き方改革と休み方改革の関係に似ています。塵を積んで作った山で何をするかです。空海が言うように、本来なら何かするために山を作りたいと思い、何かしたいから時短するのでしょう。使うあてもないのに余った時間ばかり貯めるより、目的を持って一つのことに時間をかけて、丁寧にこなすことも大切かもしれません。「継続は力」という言葉も心に留めて心おだやかな山を少しずつ高くしていきませんか。

恩愛は厄介ですが、上手にコントロールしましょう

いわゆる恩とは、父母などの恩であり、愛とは、妻子などの愛である。この恩、この愛は世俗を超越した世界に向う船を転覆させ、生死という煩悩の世界に人々をつなぎとめる綱の役割をしてしまう。

原文——

いわゆる恩とは父母等の恩、愛とは妻子等の愛なり。是れ恩、是れ愛、能く出世の舟を覆し、生死の綱を結ぶ。

『理趣経開題』

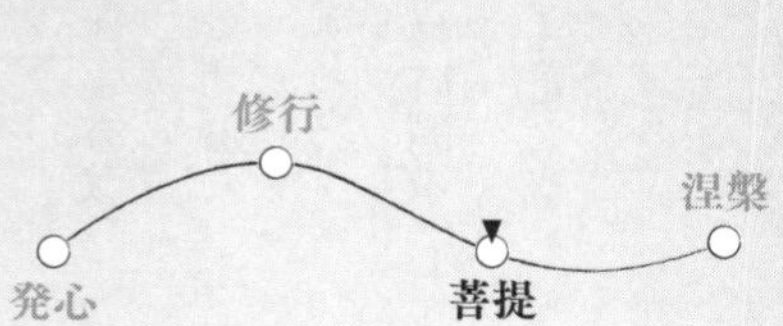

形ばかりとはいえ、出家しないと僧侶になれない仏教の宗派で行われる最初の儀式は得度《とくど》式。悟りを目指す心を起こして出家しようとする人は新発意《しんぼっち》と呼ばれます。

得度式の中で、阿闍梨《あじゃり》は弟子に言います。「出家すると、世俗の中にいても得るものはなくなりますが、同時に失うものもなくなります。また、すべての人が親のように思えてしまうので、産み育ててくれた親にだけ礼拝することはできなくなります。さあ、同席しているご両親に育ててくれたお礼を述べてから、私の前に戻りなさい」

そして新発意は両親のいる前で宣言します。「世俗に身を沈めれば、恩愛は断ちがたいものです。今、私は恩愛を捨てたこだわりのない世界に入りますが、それこそが真に恩に報いることなのです」――親子にとって厳しい別れの儀式です。

私は出家したあとに結婚したので、まさに形ばかりの得度式でした。しかし、世俗に生きている身として、父母の恩に報い、妻子への愛を大切にしたいとも思うのです。

道場54番

気づいていなければ教えてあげればいい

説いてくれる人がいなければ、かりに自分の中にあるものでも、その存在を知ることはできない。

原文――

説く者無きときは、すなわち心中なれども知らず。

『理趣経開題』

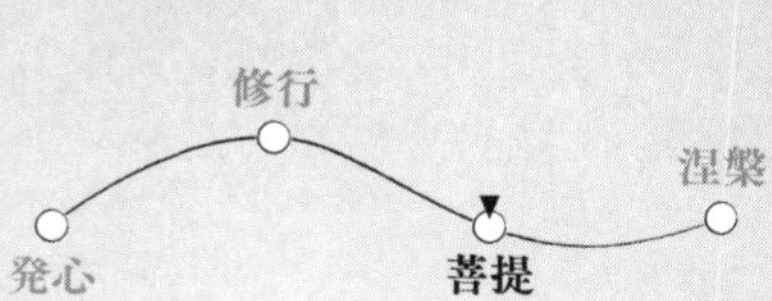

私の好きな言葉に「迷惑かどうかは相手が決め、幸せかどうかは自分が決める」があります。迷惑かどうかは相手が決める問題です。迷惑だろうと思っても、相手は「ぜんぜん迷惑じゃないよ。かえって嬉しいよ」と言ってくれる場合もあります。逆に迷惑ではないだろうと思っても、あとになって「あなたがやったアレ、迷惑だったらしいよ」と言われてショックを受けることもあります。

一方、幸せかどうかは自分が決める問題ですが、自分が幸せだと気づかない人もいます。そんな時に「あなたは幸せですよ」と説き聞かせることがあります。そこではじめて、自分は幸せなのだと気づく人は少なくありません。

いいことも悪いことも、本人が気づかなかったら、教えてあげるといいでしょう。「最近、傲慢さが心の壁からしみだしていませんか」「ほら、一歩踏みだす勇気が足元に落ちていますよ」などは、気づいていない人に向って、時々私が使う言葉です。

道場55番

悲しんでばかりいないで、亡き人のために何かする

朝な夕なに涙を流して悲しみ、日々喪失感に苛まれても、亡き人の魂には何もいいことはありません。

原文——
朝夕涙を流し、日夜慟《いたみ》を含むといえども、亡魂に益なし。

『性霊集』8「三嶋大夫、亡息女のために法華経を書写し供養して講説する表白の文」、『法華経開題』

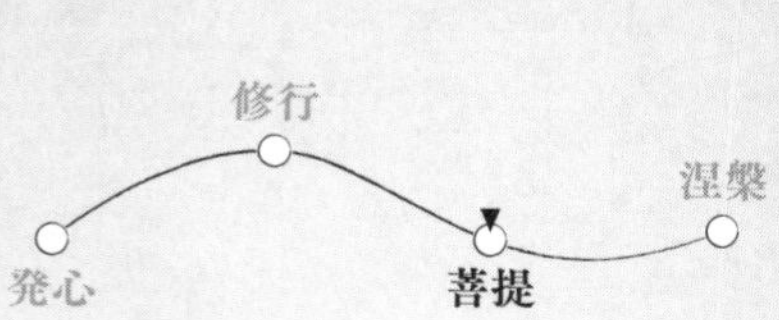

医師ほどではありませんが、檀家さんの死と遺族の悲しみの現場にいる坊主として、それまで自分の一部のようだった人が亡くなると、喪失感と悲しみの淵に沈んで何も手につかない遺族に出会うことがあります。突然亡くなった場合はもちろんですが、病気などであらかじめ死期を予想できていても、付き添いや看病の必要もなくなり、頼りにされることもなくなると、魂が抜けたような状態になってしまうのです。

原文はお嬢さんを亡くした親への手紙の一節ですが、内に向う自分の悲しみや喪失感という矢印を、亡き人へ向けたほうがいい、亡き人のために何かできることはないかと外に向けたほうがいいとアドバイスしています。

時に「そんなに悲しんでばかりいると、亡くなった人が成仏できない」と嚇《おど》す人がいますが、それはもってのほか。「亡くなった人が喜ぶようなことをしてあげたらどう?」とアドバイスして、悲しみの淵からひきあげたいものです。

向うところ敵なしの心のあり方

生じ、存続することにとらわれている人の心の中には虎がいるようなもので、その人を煩悩と執着で苦しめる。変化し、消滅することにばかりとらわれている人の心の中には毒龍がいるようなもので、その人を、自分と自分が所有する物で束縛し、物事がありのままにそこにあるという真実の姿から目をそむけさせてしまう。

原文——
生住の夢虎は有有を着愛に呑み、異滅の毒龍は我我を無知に吸う。
『梵網経開題《ぼんもうきょうかいだい》』『理趣経開題』

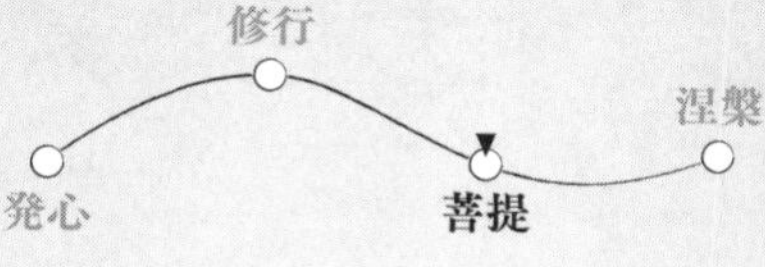

道場56番
菩提の道場

原文の中に見られる生住異滅《しょうじゅういめつ》は、生じ、存続し、変化し、滅していくという、物事がたどる四つの変化のことです。転じて生老病死という私たちの一生という意味で使われることもあります。

私たちは、あるものが現れると存続させたい（したい）と思います。しかし、諸行無常の原則によって、存続という願いはあっても、それが叶う望みはありません。そして、同じ状態を保ちたい（このままでいたい）という思いや、滅したくない（消滅させたくない）という思いとは裏腹に、諸行無常の道理によってすべては変化し、滅していきます。

そのような世の中で、何を頼りに生きていけばいいのでしょう。それは、欲を少なくして満足を感じる心と、消滅することも視野に入れた変化を楽しめる心を持つこと。この二つがそろえば「鬼に金棒」「虎に翼」「龍にドラゴンボール」でしょう。

道場57番

小さな穴から大空を見ても全体はわかりません

あなたが、奥深い内容を疑ってこの法門（おしえ）をおしはかることは、管で空をのぞくようなもので、どうして空のはてを知り得ようか。

原文——
子《なんじ》、奥旨《おうし》を疑ってこの門を測度《そんたく》することは、管をもって天を闚《うかが》うがごとし。寧《いずく》んぞ辺際《へんざい》を知らんや。
『宗秘論《しゅうひろん》』

原文が意味する「管で空を見るようなものだ」は〝井の中の蛙《かわず》〟よりずっと愉快な比喩だと思います。私は管をラップの芯やストローに代えて時々使います。

少ない知識や経験や狭量な心で物事を見て、さも全体がわかったような気でいる人がよく使う言葉があります。それは「要は」「結局は」「所詮」「今更」「詰まるところ」「どうせ」などです。今以上に知識を増やし、経験を積むのを諦めて、管で大空を見て結論を出そうとする人が使う傾向があるような気がします。

「要は、将棋は相手の王さまを取ればいいんでしょ」「所詮、エッセイは〝あなたは気づいていないけれど、私は気づいている〟的な自慢話の延長さ」「どうせ、何を貯め込んでも、あの世には持っていけないし」「今更、何をしたって無駄だ」などは、大切な具体や途中経過を台無しにしているような気がします。「結局、人は死ぬために生れ、生れた瞬間から死に向って走り出す」なんて言われたら、何もする気になりません。

自分磨きの材料を自分で使いますか、他人に投げつけますか

徳のある人物は自己を責め、徳のない人は他人を責める。

原文——

君子は己を責め、小人は人を責む。

『宗秘論』

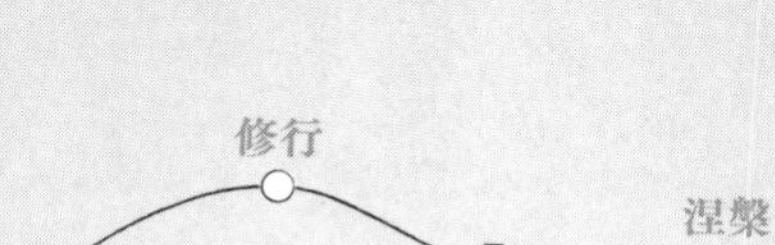

私たちの周りには、心おだやかに生きるための材料がたくさんころがっています。

こちらの話を興味なさそうに聞いている人に会えば、相手の話を全力で聞く傾聴の大切さがわかり、聞き上手になれます。あとでやろうと思っていたら状況が変わって手遅れになり、それからはやれることは早めにやって準備し、憂いをなくす人もいます。

このように、素敵な人は自分の至らないところを補強するために、他人のせいにしないで、自分磨きの材料にします。

一方、心が狭量な人は、他人のせいにします。話を聞かないとはけしからん、あとでやろうと思っていたのにあんなことが起こったせいで手遅れになってしまったと不平を言い、軽い気持ちでバカと言ったのに、真《ま》に受けるほうが悪いという具合。

ある友人が言っていました。〝自分の不幸の原因を他者のせいにしている人は他者を許せない。許すと不幸の原因がなくなってしまうから〟——名言だと思います。

牛が水を飲めばミルクやバターとなり、毒蛇が水を飲めば毒になる

仏教の教えにはもとより違いはない。牛と蛇と飲み水のようなものである。牛が飲めばバターやミルクとなり、毒蛇が飲めば毒になる。

原文——
教法《きょうほう》は本《もと》より差《かだ》うことなし。牛と蛇との飲水《おんすい》の如し。
牛は飲めば蘇乳《そにゅう》となり、蛇は飲めば毒刺《どくし》となる。
『宗秘論』

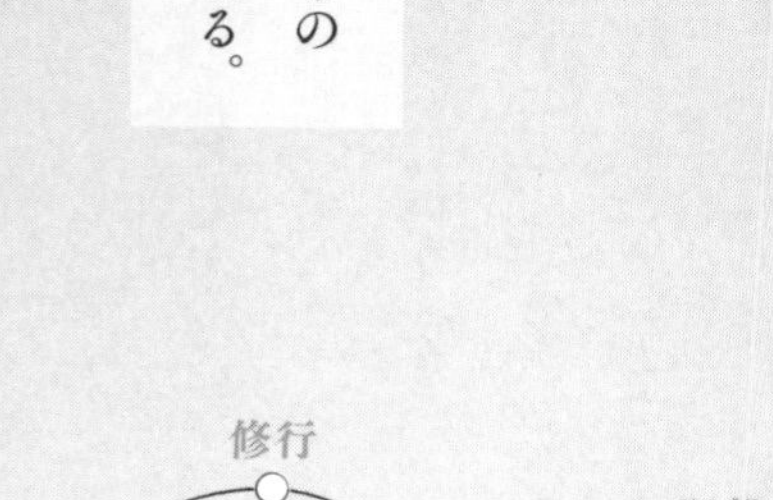

原文が意味する「同じ水だって、牛が飲めば牛乳になり、毒蛇が飲めば毒液になります」は、インパクト十分な言葉です。

年を取ったことを「体力も気力もなくなって情けない」と嘆く人もいれば、「年を取ったおかげで人を許せるようになった」と感謝する人もいます。

スーパーのレジ周りに陳列されている商品を見て「最後の最後まで、何か買わせるつもりか」とムカツク人もいれば、「買い忘れそうなものを置いてくれて助かる」と感謝する人もいるのです。

テストで八十点取った時に、「八十点か、まあまあだ」と安堵する人もいれば、「あとは取れなかった二十点を勉強すればいいのか」と気づく人もいます。

あなたに起こる出来事を牛乳にするか、毒液にするかはあなたしだいですが、モ～そろそろ、牛のように牛乳にする生き方をしてみてはどうでしょう。

あなたのやっていることが、他に影響を与えている

一方の隅を持ち上げれば三方もつられて持ち上がるように、一つの道理を示して多くの道理にことごとく通じさせ、まだ聞いていないものには聞かせ、まだ理解していないものには理解させたいのである。

原文――

一隅を挙げて三隅の反すべきを知り、一理を示して衆理を咸く《ことごと》通ぜしめ、未だ聞かざるものには聞かしめ、未だ解《げ》ざるものには解せしめん。

『宗秘論』

子供たちをやさしい人に育てたいなら、他人との共通項に気づく感性を養う手伝いをするのが一番でしょう。知らない人同士が「いいお天気になりましたね」と言い、バス停で待っている他人同士が「バス、なかなか来ませんね」と言葉を交わすのは、相手との共通項を確認して仲良く過ごしたいからです。逆に言えば〝あなたはあなた、私は私〟と、関係性を断ち切ってしまえばやさしさは生れません。

それを知った上で、大人が子供たちの前で、共通項に気づき、相手を思いやる具体例を見せてあげれば、子供たちは自然にやさしくなるでしょう。

ハンカチの一隅を引っぱれば他の三隅が引っぱられるように、だれかをやさしい人にしたいという思いがあれば、つられて、共通項に気づく、気づかなければやさしさは生れない、自分が手本を見せると他の三つの隅も持ち上がります。自分のやっていることがどんな連鎖を引き起こすか――楽しく考えてみたいものです。

不退転というのは、大変なことです

信心というのは、しっかり覚悟が決まって、もう後戻りしたくないと願って起こす心のことである。

原文——
信心とは、決定《けつじょう》堅固にして退失なからんと欲《ねが》うがための故に、この心を発す。
『三昧《さんま》耶《や》戒序《かいじょ》』

悟りに向う人を菩薩と言いますが、菩薩には大菩薩《だいぼさつ》と小菩薩がいます。大菩薩は悟りという自らの目標と衆生の救済を覚悟して、後戻りしない菩薩、〝不退転の菩薩〟と呼ばれます。時に「不退転の決意で」と言う人がいますが、その後の行動を見ると「あの決意はどこへ？」とツッコミたくなることが少なくありません。僧侶は不退転の意味の重さを知っているので、軽々しく「『不退転の決意で』」とは言いません。

一方、小菩薩は、悟りは目指していても、時により事により自分を優先してしまう人のことで〝退転の菩薩〟と呼ばれます。心おだやかになりたいと思っていても、「こんな時はイラッとするのは仕方がないではないか」と易きに流れる私は立派な（？）〝退転の坊主〟です。いつか不退転になりたいと思います。つい悪いことをやってしまう人は、自分を〝退転の○○《名前》〟と命名してみると、未熟な自分に気づけて、改めて目標に向う勇気がわいてきます。

道場62番

使わなければ意味のないものを、いくら貯め込んでも仕方がありません

薬が箱いっぱいに詰まっていても使わなければ何の益もありません。高価な衣服を衣装箱いっぱいに持っていても、着用しなければ寒さはしのげません（それと同じように、素晴らしい教えがあっても、それを実践しなければ何にもなりません）。

原文——

妙薬櫃《ひつ》に盈《み》てども嘗《な》めざれば益なし。珍衣《ちんい》櫃《ひつ》に満《み》つれども、著《き》ざればすなわち寒し。

『性霊集』10「叡山の澄法師理趣釈経を求むるに答する書」

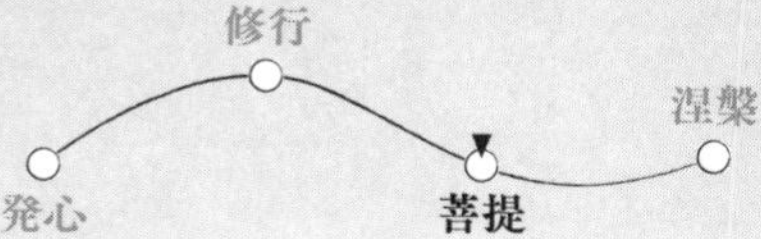

原文は、空海が中国から持ち帰った、それまで日本になかった密教の教典を貸してほしいと頼まれた時の返事です。「薬箱に薬をたくさん用意しても、病気になった時に使わなければ意味がありません。タンスの中に衣類をしまっておいても、着なければ寒さはしのげません」（現代風意訳）と述べ、教典を読んでどれだけ知識を増やしても、実践しなければ意味がないとして依頼をきっぱり断ります。

衣類は二、三年着なければ処分したほうがいいと言われます。もう着ないからです。日本銀行が発行した券も、貯めている間は価値がありません。使ってはじめて価値が発揮されるのです。資格コレクターの人もいますが、やはりその資格を有効利用しないと勿体ないでしょう。

あなたがすでに貯めているものは、いつ、だれが使うのでしょう。そろそろ、使い時、あなたがその人になりませんか？

道場63番

偽物を大切にして、本物を笑っていませんか

世間の人は、願いを叶えてくれる宝珠の素晴らしさを知らずにあざわらい、反対に、玉に似て玉ではないただの石を大切にするものです。

原文――

摩尼《まに》を咲《わら》って、もって燕石《えんせき》を緘《つつ》む。

『性霊集』10「叡山の澄法師理趣釈経を求むるに答する書」

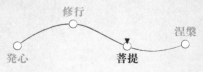

原文は「本当に価値があるものをバカにして、偽物を後生大事にしている」という意味で、私たちの周囲の人によく見られる状況です。

会の幹事や役を引き受けた人に「そんな役を引き受けるのは損なのに」とバカにする人がいます。経済用語の損得を人生に当てはめてしまうのです。人として大切な誠実さや人徳よりも、損得という価値観を後生大事に抱えて人生を歩いているのです。

大声や乱暴な言葉や暴力などを強さだと勘違いしている人もいます。本当に強い人は、自分より弱い者をいじめたり、威嚇したりしないものです。我慢強く耐えられる人こそ強い人でしょう。

無駄遣いする人を笑う人もいますが、光熱費や税金など必要なものにお金を払って喜んでいる人はいません。こちらからどう見えようと、無駄遣いは心の贅沢です。私はそう思うことで、家内や娘の買い物を理解しようとしています。

道場64番

和光同塵する勇気がありますか

真の人物はその人格の輝きを弱めて俗塵の中に入っているという話は前から聞いています。しかし、たとえば山が宝石を埋蔵して草木が茂り、気高い剣になる石を蔵している山は、どこか光り輝いているものです。跡を尋ねて何かを知り、煙を見てどこに火があるかがわかります。智恵があり、すぐれた行いをするすぐれた人物を知ることがどうして難しいことがあるでしょう。

原文——
和《わ》光同塵《こうどうじん》はそもそも前聞することあり。しかれども、猶山は玉を蔵して相急く草木茂《も》し、嶽は剣《つるぎ》を納めて光彩、衝く。躅《ちょく》を尋ねて形を知り、煙を見て火を悟る。有智有行、何ぞ必ずしも知り難からん。

『秘蔵宝鑰』

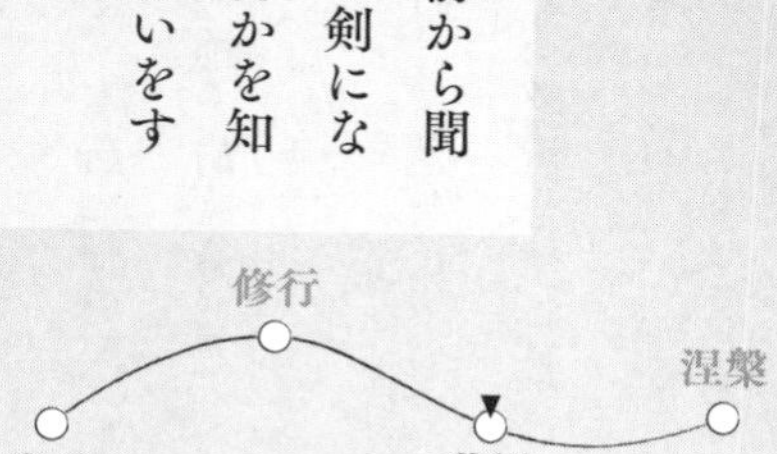

和光同塵は、すぐれた才能を隠して世俗の中で暮らすこと。仏教では、仏が力を和らげて人々に受け入れられやすい姿になる、または平易に教えを説くという意味です。まだ謙虚さが美徳とされる日本では、〝出る杭は打たれる〟の譬えの通り、出過ぎ、やり過ぎは敬遠されるだけでなく、やっかみの対象になることもあります。

それでも、自己アピールを是とする社会では、自ら光を放ち、他から突出する発光離塵（私の造語です）になろうと躍起になる人がいるでしょう。そんな人にとって、和光同塵は古くさい考え方に思えるかもしれません。

空海は「どんなに光を和らげて塵に交ざっても、才能ある人は、その言動に何かしら光るものがある」と言います。自分に才能があると思っている人は、思い切って和光同塵してみませんか。それでキラリと光れなかったら、ただの自惚れで、和らげるほどの光もなかったということです（意地悪な書き方ですみません）。

やさしさを発揮するなら、苦しみを抜き、楽を与える

医者が苦しむ病人を慈しみ愍《あわ》れんで妙薬を与えようとするように、仏さまは大いなる慈しみで私たちに心の安らぎを与え、大いなる愍れみで私たちの苦しみを除こうとしているのである。

原文——

大慈は楽を与え、大悲は苦を抜く。

『秘蔵宝鑰』

「やさしさって何?」と問われて、即答できる人はあまりいないでしょう。そんなことを考えたことがなくても、知らなくても、やさしい人はやさしいのです。

しかし、世の中の真理や人の心理を分析することに長けている仏教の慈悲の定義は「楽を与え(慈)、苦しみを抜く(悲)」です。私はやさしさと慈悲は同じと考えていいと思っています(何十年もそのように考えて、特に矛盾も感じません)。

やさしさは、他者との共通項に気づくことから発生することについては、お伝えしました(道場3番参照)。すでに共通項がある友だちや家族に対しては、やさしくしたいと思うでしょう。しかし、具体的に何をしたらいいのかわからない時があります。

そんな時は、仏教の慈悲の定義(与楽、抜苦)に戻ってみてください。やれることが明確になります。経験上、相手が苦しんでいる時は、与楽よりも抜苦を優先したほうがいいようです。

コラム3
遍路

空海の六十二歳の生涯に解明されていない〝空白の七年〟があることは、先のコラム1でお伝えしました。しかし、十九歳で大学をやめてから三十一歳で遣唐使船に乗るまで、実際は十二年間の謎の期間があります。

二十四歳で仏道に専念する決意表明の『三教指帰』を記し、その序文で、この間のことに少し触れています。

「阿波の大滝嶽《たいりゅうのたけ》に登り、また土佐の室戸崎《むろとのさき》で修行に励んでいた時、私に感応した谷は響きを惜しまず、修行の成果として明星が私に近寄ってきたのを感じたのです」

この一文から、大学を去ってから生まれ故郷の四国に戻り、険しい山や荒波打ち寄せる海岸などで修行に励んでいたであろうことは想像に難くありません。数日間滞在した場所もあれば、雨露をしのいで一夜を過ごした大樹の陰や洞窟もあったでしょう。空海はそれらの場所で、その土地に相応した仏を感得していきました。

やがて、空海を仰ぎ頼る人々がそれらの場所にお堂を建て、それが寺になり、空海ゆかりの寺々をめぐってご利益をいただく巡礼が行われるようになりました。

昔から世俗と隔絶した辺境の地を辺地《へち》と言います。また、本州から海によって隔てられている四国は死国に通じるとも言われます。その昔、修行僧や何かの事情で生れ育った場所にいられなくなった人が、四国に渡り山野をめぐり歩いて亡くなる風習があったとも言われます。こうしたことから四国霊場の巡礼を遍路、巡礼者をお遍路さんと呼びます。

今でも空海を慕って巡礼する人の装束は白衣《びやくえ》（死装束）で、白衣の背中にも南無《なむ》大師遍照金剛《だいしへんじょうこんごう》と同行二人《どうぎょうににん》と書かれています。弘法大師と二人で歩いているという意味が込められています。空海の分身として手にする杖（金剛杖）は巡礼者が行き倒れになった時の墓標になります。

この身そのままで仏になれるという密教を携えて帰国した空海は、生身の大日如来として活躍し、多くの人々から信仰を集めて現在に至ります。

亡き人の写真と共に空海の足跡をたどり冥福を祈る人、病気平癒を祈って金剛杖を頼りに巡礼する人、人生に疲れて自分探しのためにめぐる人など、さまざまな祈りに応えつづけているのが四国遍路です。

「南無大師遍照金剛」（遍照金剛は空海が恵果からもらった名前。大日如来の別名でもあります）を唱えながら、雨の降る日も風の夜もいとわず小路を踏みしめて、八十八の寺々をめぐる中で、親しい人との別れの喪失感や病気などの現実を、そのまま受け入れられる器が心の中にできあがります。

また、自分の来し方をしみじみとふり返り、おぼろげながらもつづく未来を歩んでいく覚悟もできてきます。まったく遍路は不思議な旅です。

若き日々の苦悩から、発心《ほっしん》して修行の日々を送り、仏に成るという目標に向ってブレずに進み、涅槃《ねはん》の境地に達した空海……。それはそのまま人生の遍路でした。

そこから、阿波（徳島）を〝発心の道場〟、土佐（高知）を〝修行《しゅぎょう》の道場〟、伊予（愛媛）を〝菩提《ぼだい》の道場〟、讃岐（香川）を〝涅槃の道場〟と呼ぶようになりました。

全行程千四百キロの四国遍路は、私たちがさまざまな困難に出合い、それらを解決して、紆余曲折しながらも、心おだやかな日々を増やしていく人生遍路そのものと言えるでしょう。
あなたもいつか、本書を携えて、改めてページをめくりつつめぐってみてください。

4
涅槃《ねはん》の道場

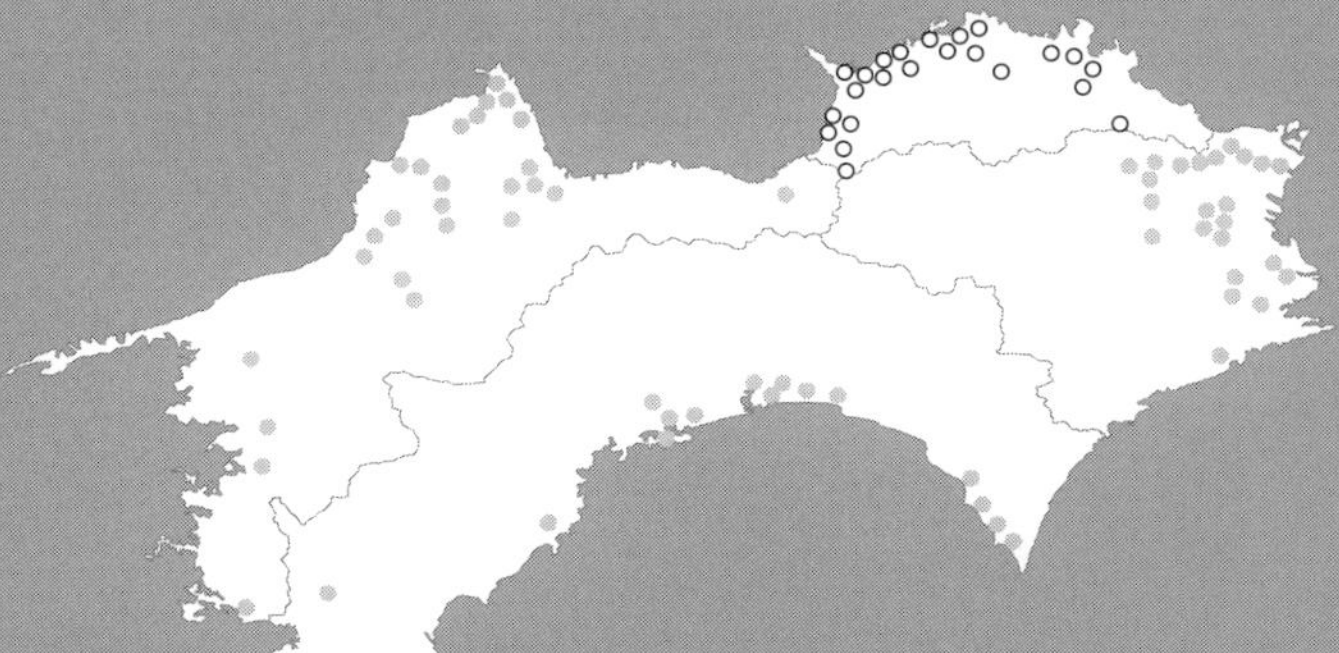

自分の都合以前のことを苦にしない

自分がどこから生れ、どこで死んでいくのか、生れることはどういうことなのか、死とは何かという一大事を、多くの人はなおざりにしてあたふたと人生を送る（この人生の根本的かつ難しい問題を解く鍵が密教にあるのだ）。

原文――
生れ生れ生れ生れて生《しょう》の始《はじ》めに暗く、死に死に死に
死んで死の終《おわ》りに冥《くら》し。
『秘蔵宝鑰』

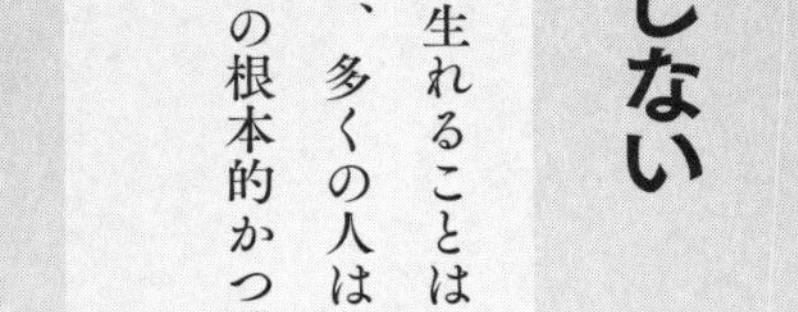

仏教では苦の代表として生老病死をあげますが、苦の定義は「自分の都合通りにならないこと」。都合通りになっていればだれも苦を感じません。生老病死は都合通りにならない、というよりも私たちの都合が介在する余地のない、都合以前の自然現象ですが、それさえ都合通りにしようと思うから苦になります。ですから、都合通りにしようと思わなければ、生老病死もそのまま受け入れて、苦と感じなくてすみます。

空海（七七四年～八三五年）は六十二歳で息を引き取ります。しかし、その人生の中で、無始無終の命の流れの中にいる自分を意識し、宇宙の営みの一コマとしての自分を認め、肯定しました。この世での長くもない一人の命の営みを、知識と瞑想によって、命の本流に合流させ、宇宙と合体させていきました。究極の自己肯定と言えるでしょう。

〝人は、大切なことなのにそうしたことをわかろうとせず、懲りもせずに同じ悩みや過ちをくり返している〟と、空海は格調高く嘆きます（原文参照）。

道場67番

人生はロクロのようなもの。その上で自分という器を大きくしていく

すべての人は、心中に仏さまと同じ素質を持っている。だれでも悟りを開き、心こよなく安らげる資質をそなえているのだ。

原文――

一切衆生の身中にみな仏性あり。如来蔵を具せり。一切衆生は無上菩提の法器にあらざることなし。

『十住心論』

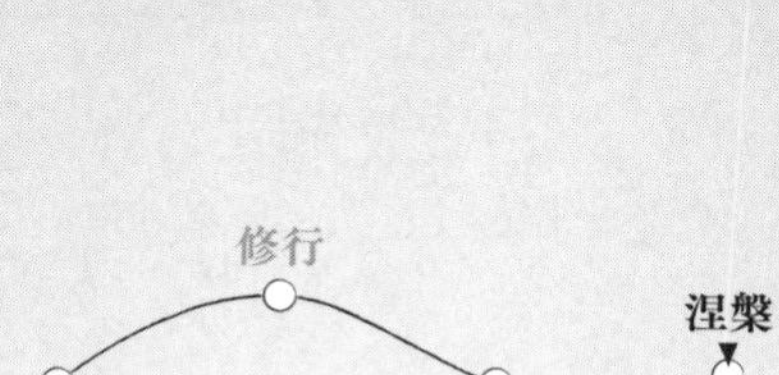

「器」には入れ物の意味の他に、〝私はそんなことができる器ではありません〟などのように、「(ある仕事・地位にふさわしい)才能と人格、器量、人物の大きさ」という意味があります。

最初から大きな器の人はいないでしょう。器が小さいと思って引っ込み思案になったり、尻込みしたりすることもあります。しかし、仏教では、器は仏さまの大きさまで大きくできると考えます。どんなものを受け入れても、溢れ出るようなことがないほど大きな器です。

もちろん、大きな器を作るには時間と経験が必要でしょう。すでに、ある程度大きな器だと思っている人は、小さな器の人を責めずに、大きくできるようにアドバイスをして手助けしてあげたいもの。そうすることで自分の器もさらに大きくなります。あなたの器を大きくするためのロクロは、いつだって回っています。

わからないことを、わからないとしておく勇気を持ちましょう

仏法を学ぶ人は、自分で思議できない境界を無理に推考してはならない。高いところにいて低いものを収め取ればそのめぐみは計り知れない。劣ったものにとらわれ、すぐれたものをかくしてしまえば、深い底に入ってしまう。このことは信じなくてはならない、慎まなければならない。

原文―― 末学の凡夫、強《あなが》ちに胸臆《くおく》に任せて難思《なんじ》の境界を判摂すべからず。高きに居て低きを摂すれば功徳無量なり。劣を執して勝を潜《かく》さば、定んで深底に入る。信ぜずんばあるべからず、慎まずんばあるべからず。

『十住心論』

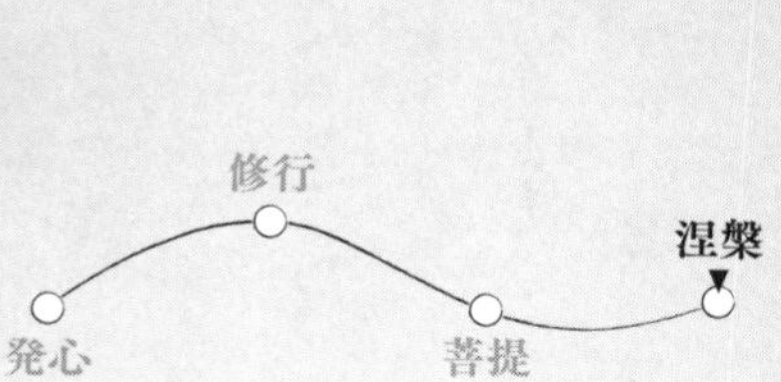

器量の小さな人間は、自分が推し量れないようなことを無理に「これはこういうことですよね」などと言わなくてもいいでしょう。そんなことを言えば、わかっている人はニヤリとします。「学校で勉強したことなんて社会に出ればたいした役には立ちませんよ」なんて言ってはいけないのです。勉強する姿勢を身につけることが社会で役に立つのです。

ですから、わからないことをわかったような言い方はせずに、黙っているか、「まだ私にはわからない」としておく勇気が大切です。

また、わかっている人は、どんな些細なことでも改めて高い境地からそれを謙虚に眺めてみると、思いも寄らない発見があるものです。私は六十歳に近づいてから「我慢するには目標がないとダメだ」とわかり、「『みんな言っている』の〝みんな〟は、多くても三人のことだった」とわかりました。

教えてもわからないものは、あえて教えないでいる

衆生は根源的無知（無明）・妄想によって、悟りを自ら秘密にする（衆生秘密）。これに対して、応化身（衆生それぞれに合わせた形で表れる仏、釈迦のこと）の説く教えは相手の素質・力量に応じて薬を施すように、わかりやすく説く。それもまた実のあることだからである。しかし、本当の如来の悟りの境界は、菩薩たちでさえ踏み込めないほど隔絶した境地なので、（如来は意識してこれを秘密にしているから）これを如来秘密というのである。

原文――　衆生は無明妄想《もうぞう》をもって本性の真覚《しんがく》を覆蔵するが故に衆生の自秘という。応化の説法は機に逗《かな》って薬を施す。言《ごん》は虚《むな》しからざる故に。所以《ゆえ》に他受用身は内証を秘してその境を説きたまわず。すなわち等覚も希夷《きい》（聴けども聴こえず、見れども見えず）し、十地も離絶せり。これを如来秘密と名づく。

『弁顕密二教論』

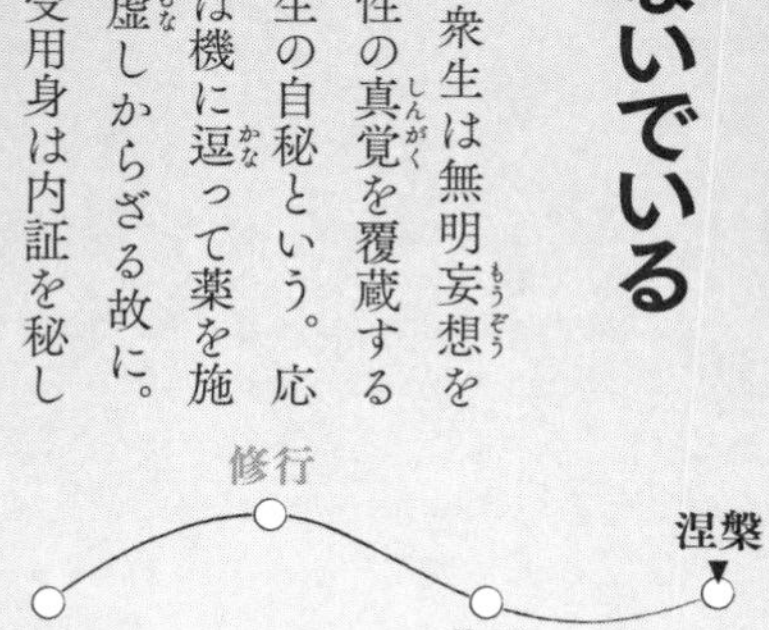

空海が伝えた仏教は密教と呼ばれます。原文はどうして密教と呼ぶかを説明した一文です。秘密には二種類あると言います。

私たちはもともと悟りを内蔵しているのに、欲や無知によってそれに気づかず自ら隠してしまっているという意味の衆生秘密。こうした人たちのために釈迦は教えを説いたのだと説明します。

しかし、真の悟りは、菩薩でさえ理解できないほど深いもので、如来のほうで「あなたにはまだわからない」と秘密にしている如来秘密があると言うのです。

体操で言えば、小学生が「逆上がりができない、逆立ちができない」と自分で思い込んでいるのが衆生秘密です。これに対して体操を習いはじめた小学生に、オリンピック選手が高難度の技を見せて「やってごらん」と言わないのは、オリンピック選手側が秘密にしていることなので、これを如来秘密と言います。

だれでも、どんなものでも、みんな、曼荼羅の上

四種類の曼荼羅はそれぞれ、真実のあり方を表していて、離れることがない。

原文——
四《し》種《しゅ》曼荼《まんだ》 各《おのおの》 離れず。

『即身成仏義』

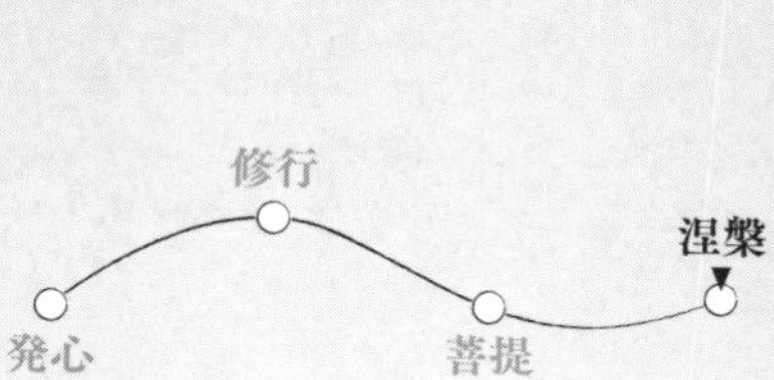

曼荼羅は、悟りの境地に至る道筋や、私たちと仏たちの相関関係を表す絵図で、欠けるところがない輪円具足《りんねんぐそく》という意味です。大別して四種類ありますが、それぞれが独立しているわけではなく、すべてが密接につながり、溶け合っていると考えます。

大宇宙も地球も社会も家庭も、さまざまな要素が絡み合い溶け合って、それぞれが壮大な世界であることを、空海は曼荼羅を通して実感していたはずです。

それは一人の人間にも通じます。体の各部位や臓器、四十兆とも六十兆とも言われる細胞の連携と、その人の性格や行動などが渾然一体となってダイナミックに活動しているさまを曼荼羅と重ね、空海は自分自身を大肯定していたでしょう。

マクロの世界にもミクロの世界にも通じる曼荼羅の世界観は、物理学にも通じるところがあります。〝密教好きは宇宙好き〟は私の推論ですが、もしそうならば、たぶんに曼荼羅の世界観が関係しているでしょう。

あなたは宇宙の歴史の頂点にいる

帝釈天《たいしゃくてん》の宮殿の天井をおおう網のつなぎ目の珠が宮殿内のすべてを映すように、互いが他のすべてを映し出していることを即身という。

原文——

重重《じゅうじゅう》帝網《たいもう》なるを即身《そくしん》と名づく。

『即身成仏義』

重重帝網は、空海が大好きな『華厳経』の中で説かれる世界観です（『華厳経』を拠り所にした華厳宗の本山は今も昔も奈良の東大寺）。すべての存在は互いに関連し、際限なく縁起し合って、一切が相互に入り交じって融合しているさまを表す〝重重無尽〟を、よりイメージしやすいように説かれた比喩です。

帝釈天の住む宮殿の天井には網がかかっています。網のつなぎ目はパチンコ玉のような鏡面の珠。一つの珠には宮殿の内部だけでなく、網の他のつなぎ目にある珠も映し出されます。一つの珠にすべてが反映されているように、私たちが生れたのもそのような重重無尽の縁によるのだと言うのです。

母胎の中で受精した卵子が細胞分裂をくり返し、四十週で数十億年の生物進化の歴史をたどります。あなたも壮大かつ膨大な縁の集合体ですから、〝ちっぽけな自分〟なんて思わなくていいのです。あなたは百三十八億年の宇宙の歴史の頂点にいるのです。

宇宙の中の私、私の中の宇宙

真理はこまかい塵の中に入っても狭いということはなく、大空に広がっても広すぎることはない。瓦や石や草木の別なく、人であっても天人であっても、動物であっても、場所を選ばず、あらゆる所に遍在して、あらゆるものを納めつくしているのだ。

原文——

法身《ほっしん》の三密は繊芥《せんかい》に入《い》れども迮《せば》からず、大虚《たいこ》に亘《わた》れども寛《ひろ》からず。瓦石《がしゃく》草木を簡《えら》ばず、人天《にんでん》鬼畜を択《えら》ばず。何《いず》れの処《ところ》にか遍ぜざらん。何物をか摂せざらんや。

『吽字義』

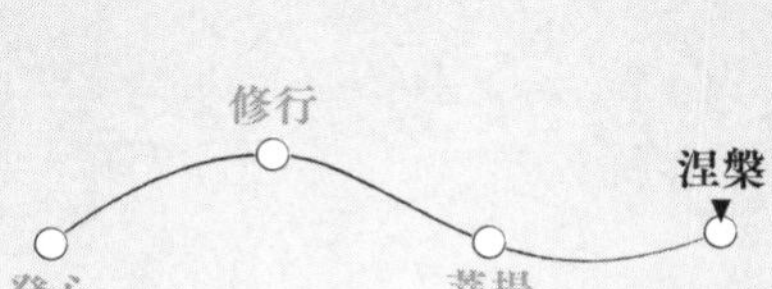

道場72番
涅槃の道場

空海は人間や植物などの生き物や、風や雨、太陽や月などの天体の運行、そして宇宙に至るまで、物質としての存在だけでなく、それぞれが持っている精神性や働き（特殊相対性理論や一般相対性理論を含めた何らかの物理的法則）を総まとめにして、大日如来という人格を持った仏としてとらえていました。

同時に、すべては大日如来の行いであり、言葉であり、心であると観ていました。それらは塵一つに納めても狭いことはなく、大空に広げてもあまらないことを経験の中から確信していました。微細な物の中に広大な仏を見いだす電子顕微鏡のような視野と、果てしない宇宙と仏を重ね合わせるための電波望遠鏡のような視野を同時に持ち、すべてがあるがままに肯定されているという世界観や生命観を自身に充満させていたのです。私たちも、自分は大日如来の分身であるという感覚をつかめば、自分の人生で起こるすべてのことを受けて立つ、大きな覚悟ができます。

わからないけど、そうなっているなら、それに任せるしかない

今ここで、ものを生み出す原因をさらに観察してみると、原因になることとさえ、多くの直接、間接の原因から生じていることがわかる。こうして次々に原因の原因と突き詰めていくと、最終的に根本となるような原因など見いだすことはできない。そこにはあるがままの変わらぬ宇宙の姿（仏の姿）があるだけである。このように観察していく時に「本不生際（これ以上原因をたどれない、たどらないでいい境地）」という究極的なあり方を知る。これがあらゆるすべてのものの根本なのである。

原文——
今この能所《のうしょう》の縁を観ずるに、またまた衆《しゅ》生因《じょういん》より生ず。展《ちん》転《でん》して縁に従わば、誰をかその本《もとい》となさん。かくの如く観察《かんざつ》するときに、すなわち本不生際《ほんぷしょうざい》を知る。これ万法《ばんぽう》の本なり。

『吽字義』

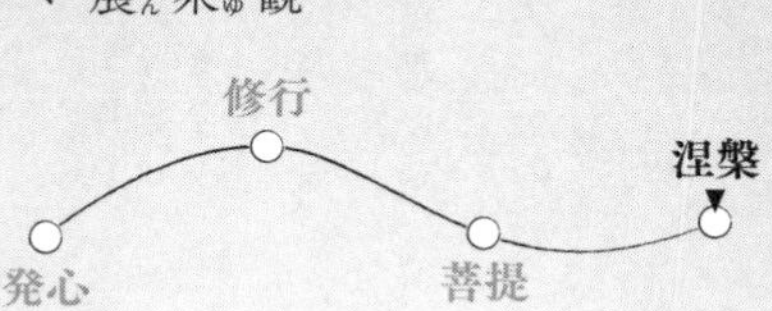

私たちは何ごとにつけても、どうしてそうなったのか、なぜそうなるのかと、原因を知りたくなります。日常の些細なことでも、どうしてこうなったのだろうと原因を探ろうとします。その好奇心や探究心が科学を発展させてきたのも事実です。

しかし、どんなに科学が発達しても、心理学や脳科学が多くのことを解明しても、最後は「理由はわからないけれど、そうなっている」という答えにたどりつきます。

そこで、仏教は「わからないことをわからないとしておく勇気を持て」と説きます。考えてもわからないことを不思議（思議しない）と言い、考えてはいけないことを不可思議と言います。

日常で「なぜ？」「どうして？」といくら考えてもわからなかったら、「今の私にはわからないけど、そうなっているのだから、それに対応するしかない」とする勇気を持ちましょう。この勇気はあなたが思っているよりずっと強力です。

どんな出会いが訪れるか、楽しみにしたいものです

医者が病状に応じた薬を与えるように、聖人が教えを述べる場合には、教えを聞く人々の素質に応じて説く。また、賢者が教えを説かずに黙っていることがあるが、それは時と人を待っているのである。

原文——
聖人の薬を投ずること、機の深浅に随い、
賢者の黙説は時を待ち、人を待つ。
『般若心経秘鍵』

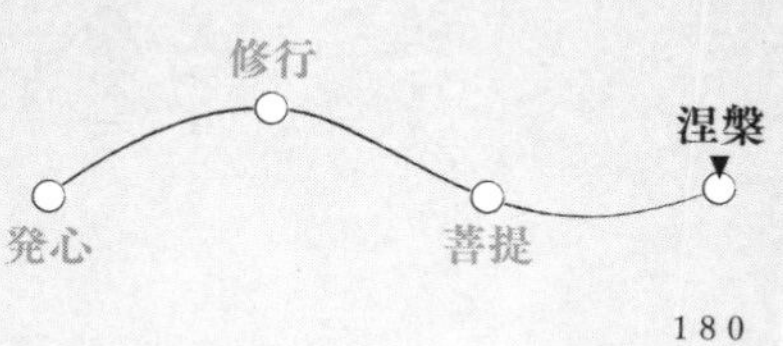

人生をふり返ると、あの時にあの人に出会えて良かったと思えることがあります。辛い時に「自業自得だ」と冷たく突き放した人がいたおかげで、それまでの自分の行いを反省して慎み深くなることもありますし、逆に、自業自得への冷たさを教訓に「助けてと言っていいんですよ」と寄り添える温かさが身につく場合もあります。

空海は、素晴らしい人は人によって伝えることを臨機応変に変えると言います。その中には、何も言わずに黙っていることも含まれます。黙っていることで何かを伝えようとしているのか、または伝えてもわからないと判断しているのかは、残念ながらこちらにはわかりません。それを受信する心のアンテナの感度が鈍いからです。

この感度を上げる方法は、自分や他人の悩みや苦しみをそのままにせず、それらを減らしたいと思うことでしょう。感度が上がれば、これから起こること、出会う人がみな人生の師になっていきます。この先、生きていくのが楽しみになります。

通りすぎてみればたいしたことはなかった。問題は、通りすぎるまでそれがわからないことだ

「ギャテーギャテー」と行き行きて、小乗の悟りである心静かな境地に赴き、「ギャテーギャテー」と去り去りて、大乗仏教の宇宙が荘厳されている絢爛豪華な悟りに入る。無知の闇に覆われている人にとっては、この世はあたかも仮の住まいのようなものである。しかし、またこの両方が私たちの心の本居（本来のよりどころ）である（私たちの人生は永遠の未来にわたり永遠の過去にさかのぼる、つまり過去・現在・未来の三世を貫いて存在する深い意味を持ったものであり、まさにその意味からして、大日如来と一致している）。


原文――

行《ぎょう》行《ぎょう》として円寂に至り、去《こ》去《こ》として原初に入《い》る。三界は客舎の如し、一心はこれ本居なり。

『般若心経秘鍵』

経済的な貧しさや病気、そしてもめごとは昔から貧病争と言われ、私たちの平穏な生活を土台からグラグラ揺さぶり、心も生活もグチャグチャにします。そして、それらがいくらか落ち着くと、何ごともない日々が愛おしく感じられるようになります。

空海が心平穏な日々をステップにして上ったのは、世界はそのまま素晴らしいという境地でした。葉や雲の動き、鳥の声や人々の生活の音、ありとあらゆる物、それらすべてが世界を飾っていると感じたのです。その境地になれば、飢えをしのげればよしとし、病気も受け入れて養生し、争いごとはつまらないと達観できるようになります。

あなたも〝あの時は大変だったけど、経験を積んだ今ふり返ってみると、たいしたことではなかった〟という経験がおありでしょう。大変なことに出合ったら、「いつか、この経験を笑顔で懐かしめるようになってやろう」と思ってみてください。

その時が、きっと来ます。

これだけ持っていれば人生を歩いていけるというものは何か

覚者は「忍耐」という鎧を着て、「努力」という兜をかぶり、「生活規律を護る」という馬に乗り、「瞑想」の弓と「智恵」の矢で、外には魔王の軍隊をくだき、内には悩み迷いを滅す。だから覚者と称するのである。

原文――

仏は忍辱《にんにく》の鎧、精進《しょうじん》の甲《かぶと》をもって、持戒《じかい》の馬に乗り、定《じょう》の弓、慧《え》の箭《や》をもって、外《そと》には魔王の軍を摧《くだ》き、内には煩悩の賊を滅す。ゆえに仏と称するなり。

『大日経開題』

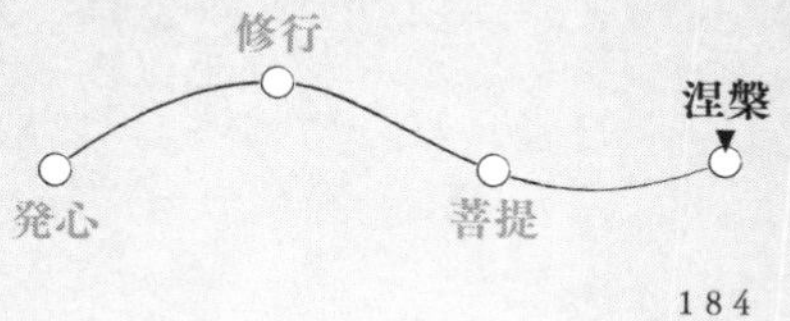

良く見られたいという見栄や、人よりも上に行きたい、贅沢したいという欲、また、これは譲れないというプライドなど、私たちは生きる上でさまざまな鎧や兜などの武具をつけて、人生という戦場を渡り歩きます。三十代までの私は、それらは余計な飾りで、そんなものを身につけたり手にしたりしていれば、身動きが取れなくなると思っていました。その意味で、余計な飾りは捨てたほうがいいと思っていました。

ところが原文の空海の鎧や武具の比喩を読んでから、装備するものが違っていたことに気づきました。見栄や欲やプライドは不要ですが、心おだやかな人生をしっかり歩くために必要なものがあったのです。

今の私に必要なのは、手に目標を指しつづける羅針盤、足には良いと思ったことはフットワーク軽くできるスニーカー、胸前にはどんな不幸を吸っても感謝を吐き出せる清浄機、目にかけるのは変化を楽しめるゴーグルだと思っています。

本来のあなたを彫りだし、顕《あらわ》にすればいい

仏に成るというのは、正しい悟りを得て、正しい智恵の見方ができて、物事の表面的な現象にとらわれないことである。つまり、天然自然の本当のあるがままの姿に成ることであって、原因や条件がそろって新しい存在に成るわけではない。

原文――

成仏とは正覚正智不生不《しょうがくしょうちふしょうふ》滅《めつ》無《む》始《し》無終《むしゅう》の義なり。これすなわち法爾所成《ほうにしょじょう》の成《じょう》にして、因縁所生《いんねんしょしょう》の成《じょう》にあらず。

『大日経開題』

悪いことをした人が「生れ変わったつもりでがんばる」と言いますが、空海は「生れ変わるわけではない。本来のあなたがなろうとしていた、もともとの素晴らしいあなたになるだけですよ」と励まします。これもまた〝丸ごと大肯定〟という空海が（密教が）たどりついた思考法です。

〝開顕《かいけん》〟という仏教語があります。開けば顕《あらわ》れるという意味。一冊の本にはさまざまなことが書かれています。本を開けばそこに文章があります。同様に、私たちの心にはもともと素晴らしいものがあるのに、貪りや怒りや愚かさの紐でぐるぐる巻きにされているので、その紐をほどいて顕にすればいいというのです。仏師が「木を彫刻する」と言わずに「木の中にいる仏像を彫りだす」と言うのと同じです。

あとは、本を開き、木にノミを当てればいいのです。本の中身も仏像もその時を待っています。あなたの心の蓋を開けてみると仏と変わらぬあなたがそこにいるのです。

道場78番

共感する力があなたを大きくします

すべての人々に対して、（この世にかけがえのない最愛の）自分の体、あるいは（計り知れない恩恵をこうむっている）四恩をみるようにするのである。だから、あえて人々の身命を殺害することはしない。

原文——

一切衆生を観るに、なおし己身《こしん》および四恩のごとし。この故に敢てその身命《しんめい》を殺害せず。

『三昧耶戒序』

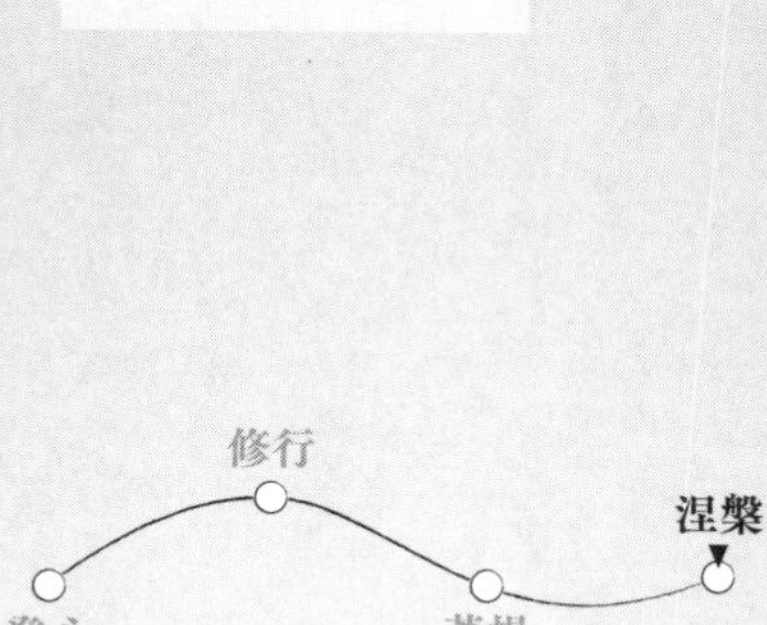

苦難や悩みを乗りこえた人は、まだ苦悩の渦中にある人とかつての自分を重ね合わせて共感し、温かい眼差しで接することができます。ある時は手を差し伸べ、ある時は自分で解決する力をつけさせるためにあえて放っておくこともあります。

生きてきた中で、多くのおかげをいただいていると感じられれば、たとえ反面教師であろうと、さまざまな形でその恩に報いようとするでしょう。おかげをもらうだけもらって何も返さないのは、俗に言う〝やらずぶったくり〟です。

もし、動物格闘技があれば、人類は真っ先に脱落すると言われます。それほど弱い人類の最初の善悪の基準は殺すことが悪で、保護すること、助けることが善だったはずです。空海はその素朴なルールを、すべてが自分のことのように思えるという共感力と、すべてからおかげをいただいているという精神論に転換させて、自分のものにしていました。あなたはどれくらい他人に共感していますか。

自他の区別がなくなった境地は素晴らしい。しかし、その境地のまま生きていくことはできない

摂持というのは、入我我入のことである。自心の中の無数の仏が他の人の心にある仏と合一し、他の人の心の中の無数の仏が自分の中に入ってくる。自他が互いに、摂《おさ》めるもの・摂められるものとなり、保つものと保たれるものの関係になる。この道理をよく観察すれば、自分と他人の善悪の心を取り入れたまま堂々としていられる。

原文——
摂持《しょうじ》とは入我我入《にゅうががにゅう》なり。自心の塵数《じんじゅ》の仏、よく他心の仏に入り、他心の塵数の仏、よく自心の仏に入り、彼此たがいに能摂・所摂、能持・所持となる。よくこの理を観ずれば、自他の善悪の心を摂持す。

『平城天皇灌頂文《へいぜいてんのうかんじょうぶん》』

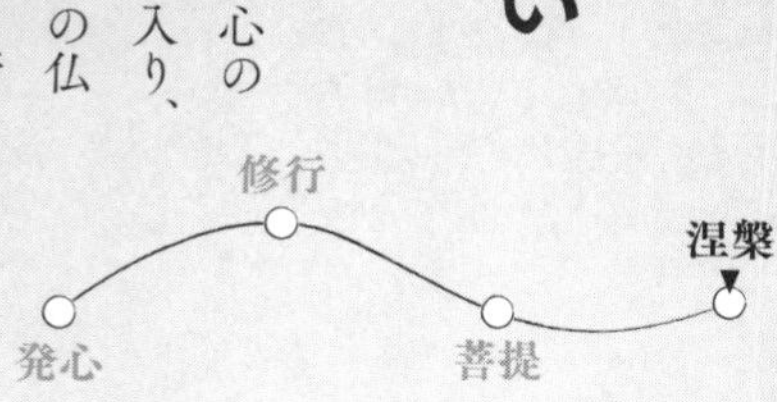

自分が膨張して地球や無数の銀河などを取り入れ一体化し、次に地球を含めた（イメージできる限りの）大宇宙がギュッと小さくなって自分の中に納まる境地は、瞑想によって得られます。その境地は自他の区別はなく、心をさえぎるものもありません。

これと似た感覚はハイキングやランニング、ダイビングなど自然で過ごす時間の中で体験できるでしょう。自分が空気や風、水と一体になれる瞬間です。

ところが、私たちは都合のぶつかり合いの社会や人間関係の中で生きているので、その至福の時間は長くつづきません。つづかないから面白いのです。

自他の区別がなくなった絶対平等（特定の縁を持たないことから〝無縁〟とも）の境地を手土産に、今日を生きるしかありません。現実から乖離した世界は、理屈屋や理想論者の安住の地ですが、得た境地を現実の世界で活かすことが大切なのです。空を飛ぶ飛行機もいつかは着陸し、飛ぶ鳥も夕方になれば家族のいる塒《ねぐら》へ帰ります。

道場80番

自分の力を人のために使える人は頼もしい

（恵果阿闍梨は）貧しい人を救うには財貨を用い、愚かな人を導くには仏法を用いた。財貨を蓄積しないことを信条とし、仏法を伝え広めることに力を惜しまないことを旨とした。

原文——

貧を済《すく》うに財を以てし、愚を導くに法《ほう》を以てす。財を積ざるを以て心《むね》とし、法《ほう》を慳まざるを以て性《せい》とす。

『性霊集』2「大唐神都青龍寺故三朝の国師灌頂の阿闍梨恵果和尚の碑」

原文は、空海の師、恵果の人物像を述べた部分です。貧しい人がいれば財貨で救い、悩み迷っている人がいれば教えを説いて救ったというのは、まるで国の施策のようですが、自分が持っているものを惜しみなく人々のために使った師の生き方を、空海も手本としました。

留学中に得た土木工学の知識を使って、故郷の巨大貯水池（満濃池）の堤防をアーチ型にしたり、だれでも入れる授業料免除の学校を作ったり、筆の作り方から文章の書き方に至るまで、惜しみなく自分の力や知識を提供しました。

一人では生きられない私たちが、社会の一員として貢献するために出せるものとして汗・智恵・金・元気があげられます。舌を出すのも嫌という人もいますが、自分が持っている力を人のために使える人は、頼もしいと思います。空海は仏や恵果などの頼もしい人が好きで、自分もそうなろうとしました。

心満ちて戻りましょう

だから、上流の人も庶民も（阿闍梨のところへは）虚しい気持ちで出かけても、帰ってくる時は心が充実していた。

原文——
故に、尊《そん》もしくは卑《ひ》、虚しく往《ゆき》て実《みち》て帰る。
『性霊集』２「大唐神都青龍寺故三朝の国師灌頂の阿闍梨恵果和尚の碑」

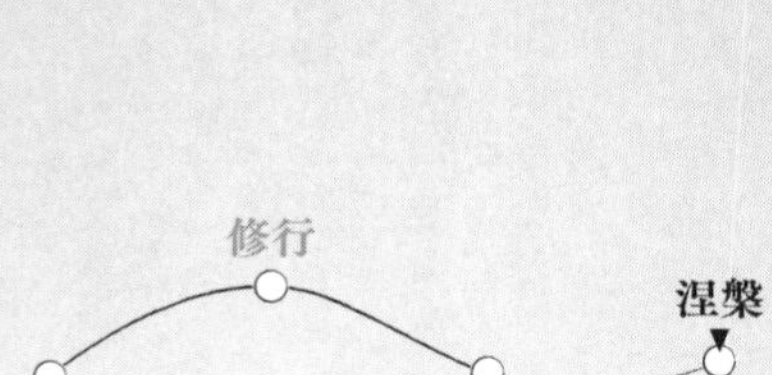

原文の「虚しく往て実て帰る」は虚往実帰《きょおうじつき》という漢字四文字と共に、密教の僧侶ならだれでも知っている言葉です。（師の恵果和尚のところへ）出向く人は、行く時はたいした知識も智恵も経験もなかったのに、帰りにはたくさんの心のお土産を持って帰ってくる、師はそういう人だったと讃える碑文の一部です。

「旅行に出かけても『楽しかった』だけで帰ってきてはいけない。何かに気づき、心の糧になるものを持って帰るんだ」は、私が二十代前半で聞いた師僧（父）の言葉。その時は、そこまで貪欲になりたくないと思っていましたが、今は違います。

旅行が楽しく感じられるには理由があるはずです。そこから忙しすぎる日常を反省することもできます。気の置けない友人の大切さをしみじみと感じることもできます。それが虚往実帰です。何も知らないで社会に出て何年も経った今、何を得たのだろうと、自分の得たものを確認するのにとても役立つ言葉が「虚往実帰」です。

道場82番

徳がにじみ出る人になる

万の徳をそなえた曼荼羅世界が、一身のうちにみなぎっている。歩いている時も座っている時も、そこがそのまま修行の道場に変わる。

原文——

万徳の曼荼羅、これを一身に布《し》く。若しくは行、若しくは坐、道場即ち変ず。

『性霊集』２「大唐神都青龍寺故三朝の国師灌頂の阿闍梨恵果和尚の碑」

偉い坊さんと尊い坊さんの違いは何だろうと、若い坊さんたち数人が話し合ったことがありました。彼らが出した結論は「前に立つと自然に合掌したくなるのが偉い坊さん。前だけではなく後ろ姿にも合掌したくなるのが尊い坊さん」でした。経験上、尊いお坊さんには立ち姿、歩く姿、食事をする姿にも見とれてしまうほどの気高さや気品、有り難さのようなものを感じます。

どこをとってもその人なりの特徴がある人のことを、落語や講談では「慈悲が着物を着ているような人だ」とか「仏が人間の皮をかぶっているようなものだ」と表現することがあります。「頑固が服を着ているようなものだ」など悪い意味で使うこともありますが、じっとしていてもその人の徳がにじみ出てくるようになればたいしたものでしょう。もちろん本人は意識していません。人徳は不思議なもので、本人が「自分には徳がある」と思った瞬間に消えてしまいます。謙虚を旨としていきたいですね。

自分の使われ方、使い方を知る

良き工人が材木を使う時は、木の曲直にしたがい、無理することなく大きな家を造りあげると言います。同じように、聖君が人を使う時はその人の性質を奪うことなく、その人に適したところを得させるのです。

原文――

良工の材を用うる、その木を屈せずして廈《か》を構う。聖君の人を使う、その性《せい》を奪わずして所を得しむ。

『性霊集』4「小僧都を辞する表」

大工さんは木を使う時に、その木の特性を見極めて、強固さが必要なところには堅い木を、しなやかさが必要な部分には柔らかい木を使い、年月を経てどのように曲がるのかを計算して使います。まさに適材適所です。人を使う場合も同様で、コミュニケーションが得意な人は人と接する最前線で、一人で黙々と作業をすることが得意な人にはその場を提供するのが物事を円滑に動かすコツでしょう。

原文は空海が小僧都の官位を断る手紙の一部ですが、空海は国の役人としての僧侶の階級が上がって煩瑣《はんさ》な仕事が増えるのは嫌だったので「私はその器ではありません」と断ります。かつてある役職の打診を受けた時、「私は、本を書いたり、講演したりするなど自由に動かしておいたほうが、世の中のためになりますよ」と、空海の真似をして断ったことがありました。こんな断り方は生意気ですから、もし言うのなら、後々、実績を上げなければならないことは論を俟《ま》ちません。

道場84番

再起を願って恕《ゆる》すことも必要です

人は少なからず過ちを犯すものだ。その過ちを罰するのは当然だが、許して更生させる「寛大さ」も必要です。過ちを犯した者の事情を十分に承知して、その罪を許す「包含力」と「導いて輝かせる」ことも必要なのです。

原文――
過《とが》を恕して新たならしむるこれを寛大といい、罪を宥《なだ》めて臟《ぞう》を納《い》るこれを含弘《がんこう》と称す。

『性霊集』4「元興寺の僧中璟が罪を赦されんことを請う表」

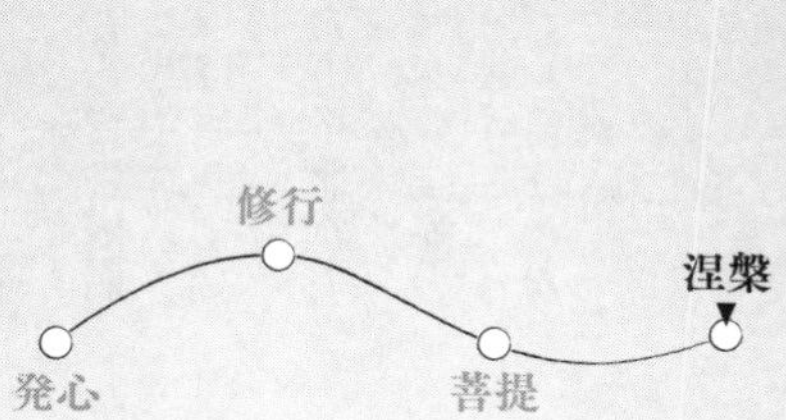

原文は、ある僧侶が犯した罪をどうか許してくださいと嘆願する文の一部です。「ゆるす」と読む漢字はたくさんあります。「許す」は、「今度だけは許してやる（もうやるんじゃないぞ）」と幅を持たせて許す場合。「赦す」は、ゆるむ、のばすという意味合いを含んで、大目に見るという意味。「どうぞ、（心をゆるめて）ご容赦くださ い」などと使われます。

そして、恕。原文で空海は恕の字義を説き、寛大な心と思いやりの心で、更生する機会を与えてあげてほしいと嘆願します。

被害を受けた当事者や関係者は、加害者を簡単に許すことはできません。罰してもなお許せない場合もあるでしょう。そんな時は、加害者が罪を反省して立ちなおる可能性にかけて、恕せることができたらいいと思います。私も恕が目標ですが、相手に更生の意志がなければ、正直なところ、まだ恕すほど寛大にはなれません。

自分の力をだれかのために使う

大きな石は重いので沈んでしまう。蚊や虻《あぶ》は小さいのでそのあたりを飛ぶ。しかし、大きな石も舟に載せれば海を越えることもでき、蚊や虻も鳳凰の翼につけば、空高くまで飛翔できる。よい縁に出合うか、出合わないかは、なんと大きな隔たりがあることだろう。

原文——

巨石は重くして沈み、蚊虻《ぶんもう》は短くして飛ぶ。然《しか》りと雖《いえど》も巨石舟を得つれば深海《じんかい》を過ぎ、蚊虻鳳《ほう》に附《つ》きぬれば高天《こうてん》を九空《きゅうこう》に翔《か》ける。遇うと遇わざると、何ぞそれ遼《はる》かなる哉《や》。

『性霊集』4「人の官を求むるがための啓」

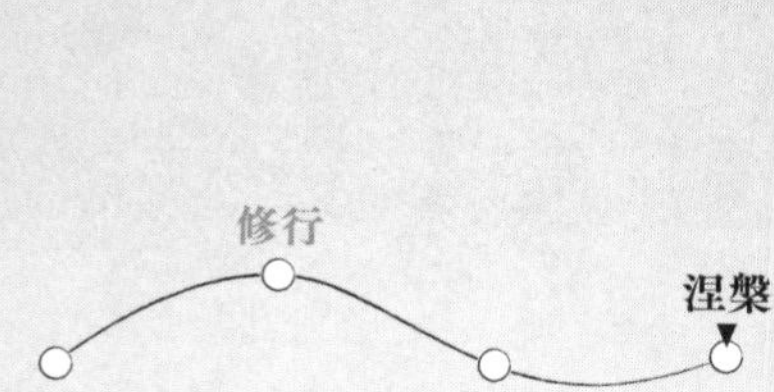

「あの人にはまだ無理」と力不足を枷《かせ》にして物事に当たらせないことがあります。そんな時、空海は言います。「水に沈んでしまうような石でも、船に載せれば海を越えられます。蚊や虻のような小さな虫でも、鳳凰の翼にとまれば天の高いところまで行けます。そのような縁に出合えるかどうかで、大きな隔たりがあるのです。そこで、お願いですが、あなたがその船や鳳凰になってあげてくれませんか」

この一文を記した時、空海の脳裏には、自分が未熟だったころに力を貸してくれた人たちのことがよぎったに違いありません。空海自身もまた数多《あまた》の人々を仏法という船に載せて心おだやかな岸に運び、多くの弟子たちを密教という翼にとまらせて高い境地へ運んだ人です。

だれかの力を借りて未熟者を一人前にし、あるいは自分が面倒をみて独り立ちできる力を身につけさせるのは、自分が生きてきたことの万分の一の恩返しになります。

今がその時、あなたがその人

法（教え）が時として世に行われ、時として世から蔵《かく》れるというのは、時の動きによる。突如として興り、突如として廃れるのは人による。時と人がそろって好機がおとずれれば道は開け、教えは広まるものなのだ。

原文——

或いは行《あら》われ、或いは蔵《かく》る、時の変なり。作《たちま》ちに興《おこ》り作ちに廃《すた》る、実に人に由《よ》れり。時至り人叶うときは道無窮《むきゅう》に被《こうむ》らしむ。

『性霊集』5「越州の節度使に与えて内外の経書を求むる啓」

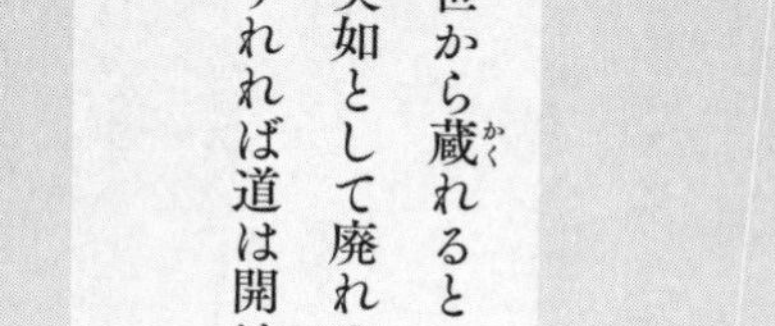

道場86番

涅槃の道場

物事がうまくいかなかった時、それを諦めるにはまず物事の真相を明らかにする必要があります。〝諦める〟と〝明らめる〟が同源なのは意味深いことです。真相が明らかになれば「それでは仕方がない」ときれいに諦められるのです。

空海は物事が起こり、あるいは消えてなくなってしまうのは、時の作用だと考えていました。よく言われる「時代が変わったから」と納得するのと同じです。加えて空海は、人の力によって何かがはじまったり、終わったりするとも考えていました。

古《いにしえ》の聖《ひじり》たちは「時と人がそろった時に物事は動きだす」という考え方をしていましたが、空海も自分の人生をふり返り、周囲の状況をつぶさに観察してその考え方に共感していました。

「時と人がそろわなかった」は、諦めるための魔法の言葉だと思いますが、何かをスタートさせるためには、今がその時、自分がその人と思って事に臨みたいものです。

道場87番

願いを持つなら、それなりの準備をしておく

虚空が尽きて、迷う人々が尽きて、すべての衆生が救済され尽くせば、私の誓願も尽きるであろう（それまでは毎年一回の万灯会をつづけたい。それが四恩に報いることになるのだ）。

原文――

虚空《こくう》尽き、衆生尽き、涅槃尽きなば、我が願いも尽きなん。

『性霊集』８「仏経を講演して四恩の徳を報ずる表白」

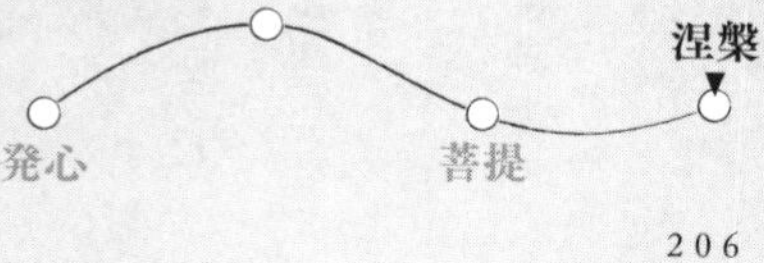

空海は息を引きとる三年前の五十九歳の初秋、高野山で年に一度、万の灯明と花を飾って、人々が心の平安を得られるように祈る法要を営もうと思い立ちます。灯明は智恵を、花は慈悲を象徴します。原文はその趣旨を述べた文章の一部。世界が消滅するか、衆生がいなくなるか、人々が心おだやかにならない限り、人々を救いたいという私の願いも尽きることはありませんと述べます。

自らの人生の集大成のような空海の壮大な願いですが、私たちは死期が近づいてきたことを感じた時、いったいどんな願いを持つでしょう。

家族の幸せや世界平和を願うかもしれません。しかし、空海は単に人々の平安を願ったわけではありません。その願いを実現させるために自分が持ち帰った教えが役に立つことを確信していました。いわば願いを実現させるために周到な準備をした上で願ったのです。あなたも自分の願いが実現するような準備をしておきませんか。

悩む時間を大幅に短縮する方法があります

世間の父や母は、ただ私たち子の身を養うのみであり、国王の恩は、人々の生活を助けるのみである。しかし、それらをしのぐ、生死の苦しみから逃れ、悟りの楽を与えてくれるのが、仏宝・法宝・僧宝の素晴らしい三宝の持つ徳なのだ。

原文——
世間の父母は、ただ一期《いちご》の肉身を育《やしな》う。国王の恩徳は凡人を助く。
もしよく生死《しょうじ》の苦を断じ、涅槃の楽を与うるは三宝の徳なり。

『性霊集』8「仏経を講演して四恩の徳を報ずる表白」

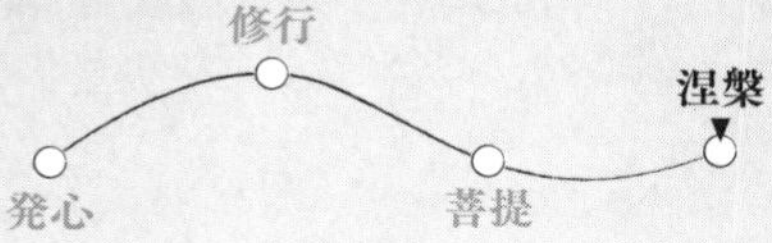

私たちは親からこの身を受けました。そして、国は国民の生活をいくらかでも良くし、安心して暮らせるように努力しています。それでも、私たちは自分の都合通りにならないことに憤慨し、悩み、悲しみ、苦しみます。その心の乱れをなだめ、少なくしていくのが仏の教えであると空海は述べます。

親からもらった体は必ず衰えていきます。生活が便利になり、ゆとりある暮らしができるようになっても、感謝する心がなければ人間関係は煩わしく、誰も自分をわかってくれないと僻《ひが》みます。物事を自在に観ずる心がなければ、経済的に不足ない生活をしていても、傲慢になって他人をバカにしたり、自分優先の生き方をして、結果的に孤立して自棄になるか、しょぼくれて「どうせ……」が口癖になります。

人生百年時代と言われますが、一個人の経験だけで心の苦しみを除くには十分な時間とは言えません。仏教の教えは、苦の解消時間を大幅に短縮してくれます。

あなたは変わる

葉や花が落ちた木々も、春になれば葉が茂り、花が咲くように、人も時がくれば必ず本来持っている仏心が出てくるものである。厚氷でも、いつまでも凍っていることはない。夏になれば解けて流れだす。

原文——

禿《かぶろ》なる樹《き》定んで禿になるにあらず。春に遭《あ》う時はすなわち栄え華さく。増《かさ》なれる氷、何ぞ必ずしも氷《こおり》ならん。夏に入《い》ればすなわち解け注ぐ。

『秘蔵宝鑰』

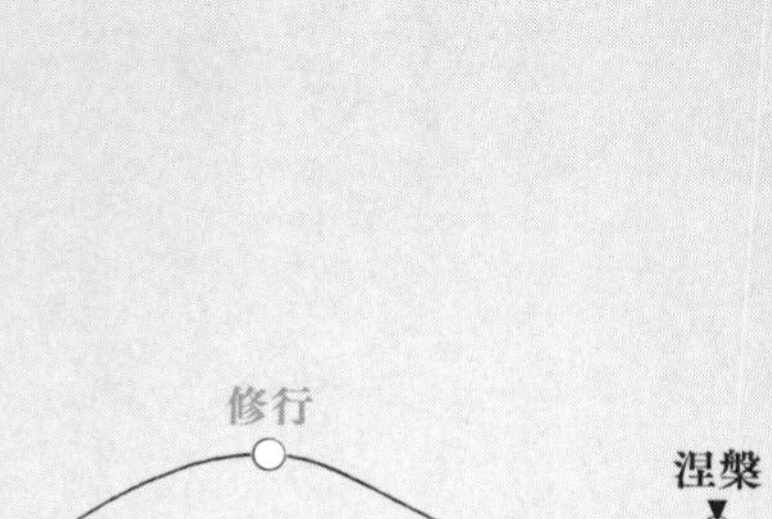

原文は「葉がすっかり落ちた木でも春になれば葉が茂り花も咲きます。厚い氷も夏になれば解けて水になり、流れるのです」という意味。

このあとに空海が言いたかったことがつづきます。

「このように、物に決まった性質はありません。どうして常に悪人であることがありましょうか。機縁にめぐり合えば、普通の人でも素晴らしい道を行きたいと願います。教えに従えば、世の普通の人もすぐれた人になろうと思うものです」

すべては次々に変わる縁によって変化していきます。その縁を活かして心がおだやかになれば、変化を善として使ったことになります。悲嘆にくれているあなたも、自分を卑下しているあなたも、発展途上のあなたも、より良く変われるのです。

原文の「禿なる樹定んで禿になるにあらず」「増なれる氷、何ぞ必ずしも氷ならん」を合い言葉に、目指す高みに向って、一歩ずつ進んで行こうではありませんか。

コラム4

遍路豆知識

さまざまなことを経験し、学び、実践していく人生修行に終わりがないように、四国遍路にも終わりがありません。それを確認するために、八十八番札所大窪寺をお参りすると再び一番札所霊山寺をお参りする習慣があります。四国遍路はいわばループ霊場なのです。

ですから、一番からスタートすることにこだわらず、どこからスタートしても、また順序が前後しても立派な四国遍路です。

手段は、歩き、自転車、バイク、自家用車、タクシー、観光バスなどさまざま。

歩き遍路は四十五日～六十日、タクシーなら十日ほど、観光バスなら二週間程度と言われています。一回ですべてをめぐるばかりではなく、阿波、土佐、伊予、讃岐の一つだけをお参りしていく〝一国参り〟や、週末遍路をする人も少なくありません。

服装は、白衣（どこで命を終えてもいいという覚悟から着る死装束。あの世へ生まれ変わった時の産着）が基本ですが、現在では軽装でお参りする方が多いでしょう（日除けのための帽子と、スニーカーなどの歩きやすい靴は必須です）。

正式なお参りは、門前で一礼、手水鉢《ちょうずばち》で手を洗い、口をすすいで身を清めてお堂に向います。お堂の前の灯明台にロウソクを、線香立てに線香を手向けます。そして、本堂ではお賽銭を上げたあとにお経を唱え、本堂とは別にある（弘法）大師堂にもお参りします。最後に門を出る時にも一礼します。

また、四国遍路には、紙製の「納め札」に自分の名前を書いて本堂と大師堂に納める風習があります。これは自分がお参りしたという証であり、自分の分身をそこに留めておくという意味もあります（逆に、お守りは仏さまを自分のそばに置いておくという意味）。納め札は霊場の売店などで名前だけ記入すればいいものを売っているので、それを利用する人が大半です。この納め札は本堂と大師堂の二カ所に納めます。かつてこの札は木製でした。それをお堂の柱などに打ちつけていたことから、巡礼することを今でも「札を打つ」と言います。

また、四国では遍路する人を空海の化身として扱い、食べ物やお茶を接待してくれる「お接待」という風習があります。仏教が説く〝布施行〟の一環なので、接待を断るのは相手に布施の功徳を積ませないことになります。遠慮せずにありがたくお接待を受けるのが礼儀です。

四国遍路の元祖、衛門《えもん》三郎伝説

衛門三郎は、伊予浮穴郡荏原郷の豪農。強欲な人で神仏を敬うことをしません。ある時、門の前に托鉢の僧がやってきます。三郎は罵声をあびせると箒で僧侶が手にしていた鉢をたたき落としました。修行僧は落ちて八つに割れた鉢を拾いあつめると、その場をたち去ります。

しばらくすると、三郎の八人の子供たちが次々に亡くなっていきます。修行僧にひどいことをした罰があたったと思った三郎は、修行僧が四国八十八カ所を廻っている空海だと知り、自分が犯した罪を許してほしいと後を追って旅に出ます。空海に自分が捜していることを知ってもらうために、名前・住所・日付を紙に書いて、行く先々の寺に納めました（これが四国遍路と納め札の起源とも言われます）。

四国八十八カ所をめぐること二十回。健脚の空海には追いつけないと気づいた三郎は、逆に廻ることを思いつきます。そしてついに三郎は十二番札所焼山寺のふもとで空海に再会し、自らの非道を詫びることができました（この年が閏年だったことから、閏年の逆打ちの習慣が生まれました）。

しかし、その時、三郎の体は限界。次に生れてくる時は領主の子として生れ、人々のために生きたいと願って息を引きとります。空海はそばにあった小石に「衛門三郎再来」と刻むと三郎に握らせて埋葬し、三郎の持っていた杉の杖を墓標としますます（この杖が大杉になり、三郎の埋葬された場所に建てられた庵は杖杉庵《じょうしんあん》と呼ばれるようになりました）。

時は移って、伊予の領主河野家に男の子が生れます。ところが、片手を握ったまま開こうとしません。そこで安養寺の僧侶に拝んでもらうと手を開きました。中から出てきたのは「衛門三郎再来」と刻まれた小石でした。以来、このお寺は石手寺と呼ばれるようになります（五十一番札所）。

※衛門三郎の伝説には各種、諸説ありますが、私流にお伝えしました。

おわりに　高野山のお礼参り

四国遍路には締めくくりとして、最後は高野山で今も瞑想している空海にお参りする〝お礼参り〟と呼ばれる習慣があります。

私たちは自分の努力だけでは生きていけません。多くの支えがあって生きています。62ページでも触れましたが、仏教ではそれらの支え（おかげ）を父母・国・衆生・仏法僧の四つの恩に分類します。おかげを感じることが、独りよがりにならずに心おだやかに生きていくための大切な要素と考えるからです。

私は遍路中の食事の時、一緒にお参りしている人と「一粒の米にも万人の力が加わっています。一滴の水にも天地の恵みがこもっています。ありがたくいただきましょう」と言ってから食事をはじめます。食後には「み仏と大勢の人々の恵みにより美味しくいただきました。体を養い、心を正しくして、あらゆる恵みに感謝します。ごちそうさまでした」と述べます。

食事ごとに述べるこの言葉が、いつしかその日の行動にも影響して、多くの〝おかげ〟を感じられるようになります。

高野山への〝お礼参り〟は、四国遍路で受けた数々のおかげのお礼の総まとめのようなもの。学校の卒業式で、それまで頼りにし、お世話にもなった先生に感謝を伝えたり、マラソン選手がフィニッシュしたあとにコースに深々と頭を下げたりするのと同じです（お葬式も遺族が故人になりかわって、お世話になった方々に最後のお礼を伝える場という側面があります）。

こうして、締めくくりとして空海にお礼参りすると、すがすがしい気持ちになり、煩わしいことが多い日常を笑顔で生きていく勇気が出ます。

この勇気に後押しされて、生きていても、すぐにくじけることが多いのですが、空海が伝えた教えを頼りにしていけば、立ち直りが早くなりますし、再び前に進む勇気もわいてきます。

最後に、本書を通して空海や四国遍路とご縁を結んでいただいたあなたにお礼申しあげ、私も先に進むことにします。

名取芳彦　拝

四国遍路巡礼所一覧

1	竺和山《じくわざん》	霊山寺《りようぜんじ》	高野山真言宗・釈迦如来 〒779-0230 徳島県鳴門市大麻町板東塚鼻126 電話:088-689-1111
2	日照山《につしようざん》	極楽寺《ごくらくじ》	高野山真言宗・阿弥陀如来 〒779-0225 徳島県鳴門市大麻町檜字段の上12 電話:088-689-1112
3	亀光山《きこうざん》	金泉寺《こんせんじ》	高野山真言宗・釈迦如来 〒779-0105 徳島県板野郡板野町大寺字亀山下66 電話:088-672-1087
4	黒巌山《こくがんざん》	大日寺《だいにちじ》	東寺真言宗・大日如来 〒779-0113 徳島県板野郡板野町黒谷字居内28 電話:088-672-1225
5	無尽山《むじんざん》	地蔵寺《じぞうじ》	真言宗御室派・勝軍地蔵菩薩 〒779-0114 徳島県板野郡板野町羅漢字林東5 電話:088-672-4111
6	温泉山《おんせんざん》	安楽寺《あんらくじ》	高野山真言宗・薬師如来 〒771-1311 徳島県板野郡上板町引野字寺ノ西北8 電話:088-694-2046
7	光明山《こうみようざん》	十楽寺《じゆうらくじ》	高野山真言宗・阿弥陀如来 〒771-1509 徳島県阿波市土成町高尾字法教田58 電話:088-695-2150
8	普明山《ふみようざん》	熊谷寺《くまだにじ》	高野山真言宗・千手観世音菩薩 〒771-1506 徳島県阿波市土成町土成字前田185 電話:088-695-2065
9	正覚山《しようかくざん》	法輪寺《ほうりんじ》	高野山真言宗・涅槃釈迦如来 〒771-1506 徳島県阿波市土成町土成字田中198-2 電話:088-695-2080

10	得度山《とくどざん》	切幡寺《きりはたじ》	高野山真言宗・千手観世音菩薩 〒771-1623 徳島県阿波市市場町切幡字観音129 電話：0883-36-3010
11	金剛山《こんごうざん》	藤井寺《ふじいでら》	臨済宗妙心寺派・薬師如来 〒776-0033 徳島県吉野川市鴨島町飯尾1525 電話：0883-24-2384
12	摩廬山《まろざん》	焼山寺《しようさんじ》	高野山真言宗・虚空蔵菩薩 〒771-3421 徳島県名西郡神山町下分字中318 電話：088-677-0112
13	大栗山《おおぐりざん》	大日寺《だいにちじ》	真言宗大覚寺派・十一面観世音菩薩 〒779-3132 徳島県徳島市一宮町西丁263 電話：088-644-0069
14	盛寿山《せいじゆざん》	常楽寺《じようらくじ》	高野山真言宗・弥勒菩薩 〒779-3128 徳島県徳島市国府町延命606 電話：088-642-0471
15	薬王山《やくおうざん》	國分寺《こくぶんじ》	曹洞宗・薬師如来 〒779-3126 徳島県徳島市国府町矢野718-1 電話：088-642-0525
16	光耀山《こうようざん》	観音寺《かんおんじ》	高野山真言宗・千手観世音菩薩 〒779-3123 徳島県徳島市国府町観音寺49-2 電話：088-642-2375
17	瑠璃山《るりざん》	井戸寺《いどじ》	真言宗善通寺派・七仏薬師如来 〒779-3118 徳島県徳島市国府町井戸北屋敷80-1 電話：088-642-1324
18	母養山《ぼようざん》	恩山寺《おんざんじ》	高野山真言宗・薬師如来 〒773-0008 徳島県小松島市田野町字恩山寺谷40 電話：0885-33-1218
19	橋池山《きようちざん》	立江寺《たつえじ》	高野山真言宗・延命地蔵菩薩 〒773-0017 徳島県小松島市立江町字若松13 電話：0885-37-1019（代表）

20	霊鷲山《りょうじゅざん》	鶴林寺《かくりんじ》	高野山真言宗・地蔵菩薩 〒771-4303 徳島県勝浦郡勝浦町生名鷲ヶ尾14 電話：0885-42-3020
21	舎心山《しゃしんざん》	太龍寺《たいりゅうじ》	高野山真言宗・虚空蔵菩薩 〒771-5173 徳島県阿南市加茂町龍山2 電話：0884-62-2021
22	白水山《はくすいざん》	平等寺《びょうどうじ》	高野山真言宗・薬師如来 〒779-1510 徳島県阿南市新野町秋山177 電話：0884-36-3522
23	医王山《いおうざん》	薬王寺《やくおうじ》	高野山真言宗・厄除薬師如来 〒779-2305 徳島県海部郡美波町奥河内字寺前285-1 電話：0884-77-0023
24	室戸山《むろとざん》	最御崎寺《ほつみさきじ》	真言宗豊山派・虚空蔵菩薩 〒781-7101 高知県室戸市室戸岬町4058-1 電話：0887-23-0024
25	宝珠山《ほうしゅざん》	津照寺《しんしょうじ》	真言宗豊山派・楫取地蔵菩薩 〒781-7102 高知県室戸市室津2652-イ 電話：0887-23-0025
26	龍頭山《りゅうずざん》	金剛頂寺《こんごうちょうじ》	真言宗豊山派・薬師如来 〒781-7108 高知県室戸市元乙523 電話：0887-23-0026
27	竹林山《ちくりんざん》	神峯寺《こうのみねじ》	真言宗豊山派・十一面観世音菩薩 〒781-6422 高知県安芸郡安田町唐浜2594 電話：0887-38-5495
28	法界山《ほうかいざん》	大日寺《だいにちじ》	真言宗智山派・大日如来 〒781-5222 高知県香南市野市町母代寺476 電話：0887-56-0638
29	摩尼山《まにざん》	国分寺《こくぶんじ》	真言宗智山派・千手観世音菩薩 〒783-0053 高知県南国市国分546 電話：088-862-0055

30	百々山《どどざん》	善楽寺《ぜんらくじ》	**真言宗豊山派・阿弥陀如来** 〒781-8131 高知県高知市一宮しなね2丁目23-11 電話：088-846-4141
31	五台山《ごだいさん》	竹林寺《ちくりんじ》	**真言宗智山派・文殊菩薩** 〒781-8125 高知県高知市五台山3577 電話：088-882-3085
32	八葉山《はちようざん》	禅師峰寺《ぜんじぶじ》	**真言宗豊山派・十一面観世音菩薩** 〒783-0085 高知県南国市十市3084 電話：088-865-8430
33	高福山《こうふくざん》	雪蹊寺《せつけいじ》	**臨済宗妙心寺派・薬師如来** 〒781-0270 高知県高知市長浜857-3 電話：088-837-2233
34	本尾山《もとおざん》	種間寺《たねまじ》	**真言宗豊山派・薬師如来** 〒781-0321 高知県高知市春野町秋山72 電話：088-894-2234
35	醫王山《いおうざん》	清瀧寺《きよたきじ》	**真言宗豊山派・厄除薬師如来** 〒781-1104 高知県土佐市高岡町丁568-1 電話：088-852-0316
36	独鈷山《とつこうざん》	青龍寺《しようりゆうじ》	**真言宗豊山派・波切不動明王** 〒781-1165 高知県土佐市宇佐町竜163 電話：088-856-3010
37	藤井山《ふじいさん》	岩本寺《いわもとじ》	**真言宗智山派・阿弥陀如来ほか** 〒786-0004 高知県高岡郡四万十町茂串町3-13 電話：088-022-0376
38	蹉跎山《さださん》	金剛福寺《こんごうふくじ》	**真言宗豊山派・三面千手観世音菩薩** 〒787-0315 高知県土佐清水市足摺岬214-1 電話：088-088-0038
39	赤亀山《しやつきざん》	延光寺《えんこうじ》	**真言宗智山派・薬師如来** 〒788-0782 高知県宿毛市平田町中山390 電話：0880-66-0225

40	平城山《へいじょうざん》	観自在寺《かんじざいじ》	真言宗大覚寺派・薬師如来 〒798-4110 愛媛県宇和郡愛南町御荘平城2253-1 電話:0895-72-0416
41	稲荷山《いなりざん》	龍光寺《りゅうこうじ》	真言宗御室派・十一面観世音菩薩 〒798-1115 愛媛県宇和島市三間町戸雁173 電話:0895-58-2186
42	一𥝱山《いっかざん》	仏木寺《ぶつもくじ》	真言宗御室派・大日如来 〒798-1102 愛媛県宇和島市三間町則1683 電話:0895-58-2216
43	源光山《げんこうざん》	明石寺《めいせきじ》	天台寺門宗・千手観世音菩薩 〒797-0007 愛媛県西予市宇和町明石205 電話:0894-62-0032
44	菅生山《すごうざん》	大寶寺《だいほうじ》	真言宗豊山派・十一面観世音菩薩 〒791-1205 愛媛県上浮穴郡久万高原町菅生2-1173 電話:0892-21-0044
45	海岸山《かいがんざん》	岩屋寺《いわやじ》	真言宗豊山派・不動明王 〒791-1511 愛媛県上浮穴郡久万高原町七鳥1468 電話:0892-57-0417
46	医王山《いおうざん》	浄瑠璃寺《じょうるりじ》	真言宗豊山派・薬師如来 〒791-1133 愛媛県松山市浄瑠璃町282 電話:089-963-0279
47	熊野山《くまのざん》	八坂寺《やさかじ》	真言宗醍醐派・阿弥陀如来 〒791-1133 愛媛県松山市浄瑠璃町八坂773 電話:089-963-0271
48	清滝山《せいりゅうざん》	西林寺《さいりんじ》	真言宗豊山派・十一面観世音菩薩 〒791-1111 愛媛県松山市高井町1007 電話:089-975-0319
49	西林山《さいりんざん》	浄土寺《じょうどじ》	真言宗豊山派・釈迦如来 〒790-0925 愛媛県松山市鷹子町1198 電話:089-975-1730

50	東山《ひがしやま》　繁多寺《はんたじ》	真言宗豊山派・薬師如来 〒790-0912 愛媛県松山市畑寺町32 電話:089-975-0910
51	熊野山《くまのざん》　石手寺《いしてじ》	真言宗豊山派・薬師如来 〒790-0852 愛媛県松山市石手2丁目9-21 電話:089-977-0870
52	瀧雲山《りゅううんざん》　太山寺《たいさんじ》	真言宗智山派・十一面観世音菩薩 〒799-2662 愛媛県松山市太山寺町1730 電話:089-978-0329
53	須賀山《すがざん》　円明寺《えんみようじ》	真言宗智山派・阿弥陀如来 〒799-2656 愛媛県松山市和気町1-182 電話:089-978-1129
54	近見山《ちかみざん》　延命寺《えんめいじ》	真言宗豊山派・不動明王 〒794-0081 愛媛県今治市阿方甲636 電話:0898-22-5696
55	別宮山《べつくざん》　南光坊《なんこうぼう》	真言宗御室派・大通智勝如来 〒794-0026 愛媛県今治市別宮町3丁目1 電話:0898-22-2916
56	金輪山《きんりんざん》　泰山寺《たいさんじ》	真言宗単立・地蔵菩薩 〒794-0064 愛媛県今治市小泉1-9-18 電話:0898-22-5959
57	府頭山《ふとうざん》　栄福寺《えいふくじ》	高野山真言宗・阿弥陀如来 〒794-0114 愛媛県今治市玉川町八幡甲200 電話:0898-55-2432
58	作礼山《されいざん》　仙遊寺《せんゆうじ》	高野山真言宗・千手観世音菩薩 〒794-0113 愛媛県今治市玉川町別所甲483 電話:0898-55-2141
59	金光山《こんこうざん》　国分寺《こくぶんじ》	真言律宗・薬師瑠璃光如来 〒799-1533 愛媛県今治市国分4-1-33 電話:0898-48-0533

60	石鉄山《いしづちさん》　横峰寺《よこみねじ》	**真言宗御室派・大日如来** 〒799-1112 愛媛県西条市小松町石鎚甲2253 電話:0897-59-0142
61	栴檀山《せんだんさん》　香園寺《こうおんじ》	**真言宗御室派・大日如来** 〒799-1102 愛媛県西条市小松町南川甲19 電話:0898-72-3861
62	天養山《てんようざん》　宝寿寺《ほうじゅじ》	**真言宗単立・十一面観世音菩薩** 〒799-1101 愛媛県西条市小松町新屋敷甲428 電話:0898-72-2210
63	密教山《みっきょうざん》　吉祥寺《きちじょうじ》	**真言宗東寺派・毘沙聞天** 〒793-0072 愛媛県西条市氷見乙1048 電話:0897-57-8863
64	石鉄山《いしづちさん》　前神寺《まえがみじ》	**真言宗石鉄派・阿弥陀如来** 〒793-0053 愛媛県西条市洲之内甲1426 電話:0897-56-6995
65	由霊山《ゆれいざん》　三角寺《さんかくじ》	**高野山真言宗・十一面観世音菩薩** 〒799-0124 愛媛県四国中央市金田町三角寺甲75 電話:0896-56-3065
66	巨鼇山《きょごうざん》　雲辺寺《うんぺんじ》	**真言宗御室派・千手観世音菩薩** 〒778-5251 徳島県三好市池田町白地ノロウチ763 電話:0883-74-0066
67	小松尾山《こまつおざん》　大興寺《だいこうじ》	**真言宗善通寺派・薬師如来** 〒768-0101 香川県三豊市山本町辻4209 電話:0875-63-2341
68	七宝山《しっぽうざん》　神恵院《じんねいん》	**真言宗大覚寺派・阿弥陀如来** 〒768-0061 香川県観音寺市八幡町1-2-7 電話:0875-25-3871
69	七宝山《しっぽうざん》　観音寺《かんのんじ》	**真言宗大覚寺派・聖観世音菩薩** 〒768-0061 香川県観音寺市八幡町1-2-7 電話:0875-25-3871

70	七宝山《しっぽうざん》	本山寺《もとやまじ》	**高野山真言宗・馬頭観世音菩薩** 〒769-1506 香川県三豊市豊中町本山甲1445 電話：0875-62-2007
71	剣五山《けんござん》	弥谷寺《いやだにじ》	**真言宗善通寺派・千手観世音菩薩** 〒767-0031 香川県三豊市三野町大見70 電話：0875-72-3446
72	我拝師山《がばいしざん》	曼荼羅寺《まんだらじ》	**真言宗善通寺派・大日如来** 〒765-0061 香川県善通寺市吉原町1380-1 電話：0877-63-0072
73	我拝師山《がばいしざん》	出釈迦寺《しゆつしやかじ》	**真言宗御室派・釈迦如来** 〒765-0061 香川県善通寺市吉原町1091 電話：0877-63-0073
74	医王山《いおうざん》	甲山寺《こうやまじ》	**真言宗善通寺派・薬師如来** 〒765-0071 香川県善通寺市弘田町1765-1 電話：0877-63-0074
75	五岳山《ごがくざん》	善通寺《ぜんつうじ》	**真言宗善通寺派・薬師如来** 〒765-0003 香川県善通寺市善通寺町3-3-1 電話：0877-62-0111（代表）
76	鶏足山《けいそくざん》	金倉寺《こんぞうじ》	**天台寺門宗・薬師如来** 〒765-0031 香川県善通寺市金蔵寺町1160 電話：0877-62-0845
77	桑多山《そうたざん》	道隆寺《どうりゆうじ》	**真言宗醍醐派・薬師如来** 〒764-0022 香川県仲多度郡多度津町北鴨1-3-30 電話：0877-32-3577
78	仏光山《ぶっこうざん》	郷照寺《ごうしようじ》	**時宗・阿弥陀如来** 〒769-0210 香川県綾歌郡宇多津町1435 電話：0877-49-0710
79	金華山《きんかざん》	天皇寺《てんのうじ》	**真言宗御室派・十一面観世音菩薩** 〒762-0021 香川県坂出市西庄町天皇1713-2 電話：0877-46-3508

80 白牛山《はくぎゅうざん》 国分寺《こくぶんじ》	真言宗御室派・十一面千手観世音菩薩 〒769-0102 香川県高松市国分寺町国分2065 電話：087-874-0033
81 綾松山《りょうしょうざん》 白峯寺《しろみねじ》	真言宗御室派・千手観世音菩薩 〒762-0016 香川県坂出市青海町2635 電話：0877-47-0305
82 青峰山《あおみねさん》 根香寺《ねごろじ》	天台宗・千手観世音菩薩 〒761-8004 香川県高松市中山町1506 電話：087-881-3329
83 神毫山《しんごうざん》 一宮寺《いちのみやじ》	真言宗御室派・聖観世音菩薩 〒761-8084 香川県高松市一宮町607 電話：087-885-2301
84 南面山《なんめんざん》 屋島寺《やしまじ》	真言宗御室派・十一面千手観世音菩薩 〒761-0111 香川県高松市屋島東町1808 電話：087-841-9418
85 五剣山《ごけんざん》 八栗寺《やくりじ》	真言宗大覚寺派・聖観世音菩薩 〒761-0121 香川県高松市牟礼町牟礼3416 電話：087-845-9603
86 補陀洛山《ふだらくさん》 志度寺《しどじ》	真言宗・十一面観世音菩薩 〒769-2101 香川県さぬき市志度1102 電話：087-894-0086
87 補陀洛山《ふだらくさん》 長尾寺《ながおじ》	天台宗・聖観世音菩薩 〒769-2302 香川県さぬき市長尾西653 電話：0879-52-2041
88 医王山《いおうざん》 大窪寺《おおくぼじ》	真言宗・薬師如来 〒769-2306 香川県さぬき市多和兼割96 電話：0879-56-2278
【お礼参り】 高野山《こうやさん》 金剛峯寺《こんごうぶじ》	高野山真言宗総本山金剛峯寺 〒648-0294 和歌山県伊都郡高野町高野山132 電話：0736-56-2011（代表）

引用参考文献

『弘法大師著作全集』第一巻〜第三巻（勝又俊教編　山喜房佛書林）
『弘法大師空海全集』第一巻〜第八巻（弘法大師空海全集編輯委員会編　筑摩書房）
『弘法大師のすべて』（大法輪閣編集部編　大法輪閣）
『心が穏やかになる 空海の言葉』（名取芳彦著　宝島社）
『生き方が変わる！ 空海　黄金の言葉』（宮下真著 名取芳彦監修 永岡書店）
『四国遍路 歴史とこころ』（宮崎忍勝著　朱鷺書房）
『宇宙は何でできているのか 素粒子物理学で解く宇宙の謎』（村山斉著　幻冬舎）
『真理の探究 仏教と宇宙物理学の対話』（佐々木閑＋大栗博司著　幻冬舎）

〈著者プロフィール〉
名取芳彦（なとり・ほうげん）
1958年、東京都江戸川区小岩生まれ。大正大学を卒業後、英語教師を経て、江戸川区鹿骨 元結不動密蔵院住職となる。真言宗豊山派布教研究所研究員。豊山流大師講（ご詠歌）詠匠。密蔵院写仏講座・ご詠歌指導など、積極的に布教活動を行っている。主な著書に『気にしない練習』『小さな改善』（ともに三笠書房）、『ゆたかな孤独〜「他人の目」に振り回されないコツ』（大和書房）、『感性をみがく練習』（小社）などがある。

空海　人生お遍路

2020年3月5日　第1刷発行

著　者　名取芳彦
発行人　見城 徹
編集人　福島広司
編集者　寺西鷹司

発行所　株式会社 幻冬舎
〒151-0051　東京都渋谷区千駄ヶ谷4-9-7

電話　03(5411)6211（編集）
03(5411)6222（営業）
振替　00120-8-767643
印刷・製本所　株式会社 光邦

検印廃止

ISBN978-4-344-03578-2　C0095
幻冬舎ホームページアドレス　https://www.gentosha.co.jp/

この本に関するご意見・ご感想をメールでお寄せいただく場合は、
comment@gentosha.co.jpまで。